공인중개사도 알아야 할

자금조달
계획서 작성
실전편

공인중개사도 알아야 할

자금조달 계획서 작성

실전편

유튜브 **밤송이·도토리 회계사** 지음

동우국세아카데미(주)

머리말

　최근 자금조달계획서 작성에 대한 상담을 진행하고 관련 서류를 검토하면 할 수록 자금조달계획서와 그 첨부증빙에 각자의 개인정보가 많이 포함되어 있음을 느낍니다.

　이러한 많은 서류가 국세청에 통보되어 어떻게 사후관리 항목으로 활용될 수 있는지와 어떤 부분을 주의해야 하는지 알 수 있다면 불필요한 오해도 발생하지 않고 혹여 세무조사로 연결된다고 해도 세무조사에 대한 대응이 훨씬 수월할 것입니다.

　부족하지만 이 책에서 소개하는 작성사례가 여러분의 소중한 주택구입에 작은 도움이 되길 바랍니다.

　이 책이 나오는데 힘을 써준 회계법인 혜안의 김경미 실장님, 고다정 과장님께도 이 지면을 빌려 감사인사드립니다.

　감사합니다.

2021년 5월
밤송이·도토리 회계사

CONTENTS

- 머리말

Part 1 떳떳한 영앤리치: 나 혼자 잘 산다

직장 대박
1. 연봉많은 직장에 오래 다녔어요. / 10
2. 모아놓은 예금이 모자라지만, 잔금일까지 월급을 모으면 충분해요 / 14

사업 대박
3. 사업이 잘 되고 있어요. / 18
4. 사업이 대박나긴 했어요. / 22

주식 대박
5. 주식투자를 잘 했어요. / 26
6. 주식계좌에서 예금통장으로 옮겨놓았어요. / 30
7. 부모님께 빌린 자금으로 한 주식투자가 대박났어요. / 34

부동산 대박
8. 아파트가격이 많이 올랐어요 / 38
9. 땅을 잘 투자했어요 / 42

그냥 대박
10. 복권에 당첨되었어요. / 46

Part 2 그대 없인 못 산다

배우자가 내 통장 관리
1. 내 통장에는 돈이 없어요. / 52

각자 자금 관리
2. 둘이 번 돈을 합해 단독명의로 구입해요 / 56
3. 단독명의로 하니 아쉽대서 공동명의로 해요 / 60
4. 자금사정상 7:3 공동명의로 해요 / 65
5. 어떻게든 5:5 공동명의로 하려해요 / 71

혼인신고 전 계약
6. 잔금일 전에 혼인신고 할 수 있어요. / 78
7. 사정상 혼인신고는 한참 후에 할 수 있어요. / 86

전세보증금 지분
8. 공동명의 전세로 살고 있었어요 / 94
9. 단독명의 전세인데, 공동자금이에요. / 98

다른 투자 같은 대박
10. 남편은 부동산 투자를, 와이프는 주식투자를 잘 했어요. / 102

Part 3 부모님 없인 못산다

증여세를 아끼려고 차입해서 갚기로 했어요.
1. 부모님께 빌리기로 했어요. / 112
2. 부모님께 빌리기로 했어요. 나중에요 / 117

골치아픈거 싫어서 증여세 내기로 했어요
3. 아버지가 도와주신대요. / 124
4. 아버지와 어머니가 도와주신대요. / 128

처가에서 도와줘요
5. 장모님이 도와주신대요. /133
6. 배우자에게 증여받았어요. /137

부모님이 기존 집 살 때 도와줬어요
7. 기존 집 살 때 부모님께 증여를 받았어요. /142
8. 기존 집을 살 때 부모님께 빌렸어요. /146

본가와 처가에서 도와줘요
9. 저는 아버지에게 빌리고, 와이프는 장모님에게 증여받아요 /151

부모님이 대출을 대신 받으셨어요
10. 부모님이 대신 대출을 받았어요. /159

Part 4 가족 없인 못산다(조부모님, 형제자매)

할아버지가 도와줘요
1. 할아버지가 예금을 주셨어요. /166
2. 할아버지가 땅을 주셨어요. /170
3. 할아버지가 현금을 주셨어요. /174

할아버지와 아버지가 도와줘요
4. 할아버지와 아버지가 도와주신대요. /178

형제자매가 도와줘요
5. 형이랑 누나가 도와줘요. /182
6. 부모님의 자금을 형을 통해 빌려요. /187

Part 5 은행없인 못산다

주택담보대출
1. 직장이 종긴한데, 집사기에는 모자라요. / 194

신용대출
2. 주식이 대박나긴 했지만, 집사기에는 모자라요. / 199

마이너스통장
3. 기존 주택이 많이 올랐어도, 집사기에는 모자라요. / 204

4. 대출이 끼어있던 기존 주택을 매각했어요. / 209
5. 부모님이 빌려주시기로 했는데, 갑자기 사정이 생겨 은행대출을 급히 신청했어요. / 214

Part 6 기타

1. 상속받을 예금이 있어요. / 222
2. 상속받은 예금이 있어요. / 226
3. 증여세를 납부하니 잔금이 모자라요. / 230
4. 자녀가 도와줬어요. / 234
5. 축의금을 사용했어요 / 238
6. 기존 주택을 매각한다고 했는데, 안팔려요. / 242

"

부모님, 가족, 지인 등의 도움없이
혼자서 구입이 가능한 경우

"

Part 01

떳떳한 영앤리치:
나 혼자 잘 산다

1. 연봉많은 직장에 오래 다녔어요.
2. 모아놓은 예금이 모자라지만, 잔금일까지 월급을 모으면 충분해요
3. 사업이 잘 되고 있어요.
4. 사업이 대박나긴했어요.
5. 주식투자를 잘 했어요.
6. 주식계좌에서 예금통장으로 옮겨놓았어요.
7. 부모님께 빌린 자금으로 한 주식투자가 대박났어요.
8. 아파트가격이 많이 올랐어요
9. 땅을 잘 투자했어요.
10. 복권에 당첨되었어요.

직장 대박

연봉많은 직장에 오래 다녔어요.

| 1 기본상황 | "서울에 10억원 아파트를 구입하려 해요" |

» 40대 A씨는 10억원의 아파트를 구입하려 합니다.

구분	금액
계약금	5천만원
중도금	1억5천만원
잔금	8억원
합계	10억원

» 직장생활을 한지는 10년이 되었습니다.
» 연봉도 많은데, 매년 인상되었고,
» 부여받은 스톡옵션도 행사하였습니다.

2 자금 출처 "연봉많은 직장에 오래 다녔어요"

》 연봉 및 스톡옵션만으로도 집을 구입하는데 부족하지 않습니다.

구분	금액	자금출처	비고
예금	10억원	근로소득	
합계	10억원		

3 작성방법 아래 순서로 자금조달계획서를 작성합니다.

자금조달계획부분의 자기자금
· ②번 금융기관 예금액 항목에 10억원

자금조달 합계
· ⑬번 합계 항목에 10억원

조달자금지급방식
· 총거래대금 항목에 10억원
· ⑮번 계좌이체금액 항목에 10억원

주택취득자금 조달 및 입주계획서

① 자금 조달계획	자기 자금	② 금융기관 예금액		1,000,000,000 원	③ 주식·채권 매각대금		원
		④ 증여·상속			⑤ 현금 등 그 밖의 자금		원
		[ ]부부 [ ]직계존비속(관계:) [ ] 그 밖의 관계( )				[ ] 보유 현금 [ ]그 밖의 자산(종류:)	
		⑥ 부동산 처분대금 등			⑦ 소계		1,000,000,000 원
	차입금 등	⑧ 금융기관 대출액 합계		원	주택담보대출		원
					신용대출		원
					그 밖의 대출		원
					(대출 종류:)		
		기존 주택 보유 여부 (주택담보대출이 있는 경우만 기재) [ ] 미보유 [ ] 보유 (건)						
		⑨ 임대보증금			⑩ 회사지원금·사채		원
		⑪ 그 밖의 차입금		원	⑫ 소계		
		[ ] 부부 [ ] 직계존비속(관계:) [ ] 그 밖의 관계( )						원
	⑬ 합계							1,000,000,000 원
⑭ 조달자금 지급방식	총 거래금액							1,000,000,000 원
	⑮ 계좌이체 금액							1,000,000,000 원
	⑯ 보증금·대출 승계 금액							원
	⑰ 현금 및 그 밖의 지급방식 금액							원
	지급 사유 ( )							

4 제출증빙 "예금만으로도 충분한 경우, 예금잔액증명서 준비"

구분	금액	증빙
예금	10억원	예금잔액증명서
합계	10억원	

5 Check point "통장이 여러 개일 경우, 해당되는 통장만 제출"

Q 통장이 여러 개인데 모든 통장내역을 제출해야하나요?

답변 아닙니다.
주택구입자금 10억원에 해당하는 통장내역만 보여주면 됩니다.

☑ **주의**
비경상적인 거래내역이 있는 통장(계좌)과 그 거래내역이 노출되는 경우, 과세관청으로부터 추가적인 소명요청이 있을 수도 있습니다.

직장 대박

모아놓은 예금이 모자라지만, 잔금일까지 월급을 모으면 충분해요

| 1 기본상황 | "서울에 10억원 아파트를 구입하려 해요" |

» 40대 A씨는 10억원의 아파트를 구입하려 합니다.

구분	금액
계약금	5천만원
중도금	1억5천만원
잔금	8억원
합계	10억원

» 직장생활을 한지는 10년이 되었습니다.
» 연봉도 많은데, 매년 인상되었고,
» 부여받은 스톡옵션도 행사하였습니다.

2 자금 출처 — "연봉많은 직장에 오래 다녔지만, 약간 모자라요"

» 연봉 및 스톡옵션이 많기는 하지만 집을 구매하는데 약간 부족합니다.
» 잔금일까지 3개월 남았는데, 3개월간 월급까지 더하면 충분합니다.

구분	금액	자금출처	비고
예금	9.7억원	근로소득	
기대월급	0.3억원	미래 근로소득	
합계	10억원		

3 작성방법 — 아래 순서로 자금조달계획서를 작성합니다.

자금조달계획부분의 자기자금
· ②번 금융기관 예금액 항목에 9.7억원
· ⑤번 현금 등 그밖의 자금 항목에 0.3억원

자금조달 합계
· ⑬번 합계 항목에 10억원

조달자금지급방식
· 총거래대금 항목에 10억원
· ⑮번 계좌이체금액 항목에 10억원

주택취득자금 조달 및 입주계획서

① 자금 조달계획	자기 자금	② 금융기관 예금액 970,000,000 원		③ 주식·채권 매각대금 원	
		④ 증여·상속 원 [ ]부부 [ ]직계존비속(관계:) [ ] 그 밖의 관계( )		⑤ 현금 등 그 밖의 자금 30,000,000 원 [ ] 보유 현금 [ ]그 밖의 자산(종류:)	
		⑥ 부동산 처분대금 등 원		⑦ 소계 1,000,000,000 원	
	차입금 등	⑧ 금융기관 대출액 합계 원	주택담보대출		원
			신용대출		원
			그 밖의 대출		원
			(대출 종류:)		
		기존 주택 보유 여부 (주택담보대출이 있는 경우만 기재) [ ] 미보유 [ ] 보유 (건)			
		⑨ 임대보증금 원		⑩ 회사지원금·사채 원	
		⑪ 그 밖의 차입금 원 [ ] 부부 [ ] 직계존비속(관계:) [ ] 그 밖의 관계( )		⑫ 소계 원	
	⑬ 합계			1,000,000,000 원	
⑭ 조달자금 지급방식	총 거래금액			1,000,000,000 원	
	⑮ 계좌이체 금액			1,000,000,000 원	
	⑯ 보증금·대출 승계 금액			원	
	⑰ 현금 및 그 밖의 지급방식 금액			원	
	지급 사유 ( )				

| 4
제출증빙 | "기대월급을 기재한 경우, 급여명세서 혹은 근로소득원천징수영수증 준비" |

구분	금액	증빙
예금	9.7억원	예금잔액증명서
기대월급	0.3억원	급여명세서
합계	10억원	

| 5
Check point | "잔금일까지 기대되는 소득금액도 기재할 수 있습니다" |

Q 잔금일까지 미래의 월급도 자금조달계획서에 적을 수 있나요?

A 답변 네. 실제 기대되는 월급을 주택구입자금으로 사용하는 경우에는 그 금액도 기재할 수 있습니다.

☑ **주의**
지난 몇 개월의 급여명세서에는 나타나지 않지만 특정 월에 상여금이 한 번에 들어오는 경우도 있습니다.
이때는 지난해의 상여금 명세서 등을 참고로 제출할 수도 있습니다.

사업 대박

사업이 잘 되고 있어요.

1 기본상황 "서울에 10억원 아파트를 구입하려 해요"

» 40대 A씨는 10억원의 아파트를 구입하려 합니다.

구분	금액
계약금	5천만원
중도금	1억5천만원
잔금	8억원
합계	10억원

» 사업을 시작한지는 10년이 되었습니다.
» 초반 2년은 힘들었지만, 지금은 매년 급성장을 하고 있습니다.

| 2 자금 출처 | "사업이 대박났어요" |

» 사업으로 벌어들인 자금으로 집을 구입하는데 부족하지 않습니다.

구분	금액	자금출처	비고
예금	10억원	사업소득	
합계	10억원		

| 3 작성방법 | 아래 순서로 자금조달계획서를 작성합니다. |

자금조달계획부분의 자기자금
· ②번 금융기관 예금액 항목에 10억원

자금조달 합계 부분
· ⑬번 합계 항목에 10억원

조달자금지급방식
· 총거래대금 항목에 10억원
· ⑮번 계좌이체금액 항목에 10억원

Part 01. 떳떳한 영앤리치: 나 혼자 잘 산다

주택취득자금 조달 및 입주계획서

① 자금 조달계획	자기 자금	② 금융기관 예금액 1,000,000,000 원		③ 주식·채권 매각대금 원	
		④ 증여·상속 원 [ ]부부 [ ]직계존비속(관계:) [ ] 그 밖의 관계( )		⑤ 현금 등 그 밖의 자금 원 [ ] 보유 현금 [ ]그 밖의 자산(종류:)	
		⑥ 부동산 처분대금 등 원		⑦ 소계 1,000,000,000 원	
	차입금 등	⑧ 금융기관 대출액 합계 원	주택담보대출		원
			신용대출		원
			그 밖의 대출 (대출 종류:)		원
		기존 주택 보유 여부 (주택담보대출이 있는 경우만 기재) [ ] 미보유 [ ] 보유 (건)			
		⑨ 임대보증금 원		⑩ 회사지원금·사채 원	
		⑪ 그 밖의 차입금 원 [ ] 부부 [ ] 직계존비속(관계:) [ ] 그 밖의 관계( )		⑫ 소계 원	
	⑬ 합계			1,000,000,000 원	
⑭ 조달자금 지급방식		총 거래금액		1,000,000,000 원	
		⑮ 계좌이체 금액		1,000,000,000 원	
		⑯ 보증금·대출 승계 금액		원	
		⑰ 현금 및 그 밖의 지급방식 금액		원	
		지급 사유 ( )			

| 4 제출증빙 | "예금만으로도 충분한 경우, 예금잔액증명서 준비" |

구분	금액	증빙
예금	10억원	예금잔액증명서
합계	10억원	

| 5 Check point | "사업으로 번 돈이긴 한데, 통장잔고가 많아서요. 문제없을까요?" |

Q 열심히 사업해서 번 돈이긴 한데, 문제없을까요?

A 답변 네. 본인이 열심히 사업해서 번 돈이고, 성실하게 세금신고 한 경우 별다른 문제는 없습니다.

☑ **주의**
소득금액증명원 상의 금액과 보유하고 있는 자금을 비교하여 차이 발생원인이 합리적인지 미리 검토하는 것이 좋습니다.

사업 대박

사업이 대박나긴했어요.

| 1 기본상황 | "서울에 10억원 아파트를 구입하려 해요" |

》 40대 A씨는 10억원의 아파트를 구입하려 합니다.

구분	금액
계약금	5천만원
중도금	1억5천만원
잔금	8억원
합계	10억원

》 사업을 시작한지는 10년이 되었습니다.
》 초반 2년은 힘들었지만, 그 후 지금까지 매년 급성장을 하고 있습니다.

> **2 자금 출처** "사업이 대박나긴 했어요."

» 사업으로 벌어들인 자금으로 집을 구입하는데 부족하지 않습니다.
» 그런데 일부 소득신고가 안된 금액이 포함되어 있습니다.

구분	금액	자금출처	비고
예금	8억원	사업소득	
예금	2억원	사업소득	소득신고x
합계	10억원		

> **3 작성방법** 아래 순서로 자금조달계획서를 작성합니다.

자금조달계획부분의 자기자금
· ②번 금융기관 예금액 항목에 10억원

자금조달 합계
· ⑬번 합계 항목에 10억원

조달자금지급방식
· 총거래대금 항목에 10억원
· ⑮번 계좌이체금액 항목에 10억원

주택취득자금 조달 및 입주계획서

① 자금 조달계획	자기 자금	② 금융기관 예금액 1,000,000,000 원		③ 주식·채권 매각대금 원	
		④ 증여·상속 원 [ ]부부 [ ]직계존비속(관계:) [ ] 그 밖의 관계( )		⑤ 현금 등 그 밖의 자금 원 [ ] 보유 현금 [ ]그 밖의 자산(종류:)	
		⑥ 부동산 처분대금 등 원		⑦ 소계 1,000,000,000 원	
	차입금 등	⑧ 금융기관 대출액 합계 원	주택담보대출		원
			신용대출		원
			그 밖의 대출 (대출 종류:)		원
		기존 주택 보유 여부 (주택담보대출이 있는 경우만 기재) [ ] 미보유 [ ] 보유 (건)			
		⑨ 임대보증금 원		⑩ 회사지원금·사채 원	
		⑪ 그 밖의 차입금 원 [ ] 부부 [ ] 직계존비속(관계:) [ ] 그 밖의 관계( )		⑫ 소계 원	
	⑬ 합계			1,000,000,000 원	
⑭ 조달자금 지급방식		총 거래금액		1,000,000,000 원	
		⑮ 계좌이체 금액		1,000,000,000 원	
		⑯ 보증금·대출 승계 금액		원	
		⑰ 현금 및 그 밖의 지급방식 금액		원	
		지급 사유 (		)	

4 제출증빙 "예금을 기재한 경우, 예금잔액증명서 준비"

구분	금액	증빙
예금	10억원	예금잔액증명서
합계	10억원	

5 Check point "소득신고가 되지 않은 금액은 출처가 확보되지 않은 자금입니다."

Q 열심히 사업해서 번 돈이긴한데, 일부 소득신고 안된 금액이 있어요.

A 답변 자금조달계획서를 제출하고, 아파트를 등기하는 당장에는 문제가 발견되지 않을 수도 있습니다.

☑ **주의**
하지만 사후적으로 과세관청에서 소득신고된 금액과 예금을 비교할 경우, 차이금액에 대한 소명요청을 받을 수 있습니다.
또한 소명요청에 대한 대응자료가 합리적이지 않을 경우 사업체에 대한 매출누락 및 과대경비계상에 대한 세무조사로까지 확대될 수 있음에 유의해야 합니다.

주식 대박

주식투자를 잘 했어요.

| 1 기본상황 | "서울에 10억원 아파트를 구입하려 해요" |

» 40대 A씨는 10억원의 아파트를 구입하려 합니다.

구분	금액
계약금	5천만원
중도금	1억5천만원
잔금	8억원
합계	10억원

» 직장생활을 한지는 10년이 되었습니다.
» 연봉도 작지 않고, 일부는 저축을 했습니다.
» 그리고 일부는 주식투자를 했고, 결과가 아주 좋았습니다.
» 주식투자금액을 이번에 집 사는데 사용하려 합니다.

| 2 자금 출처 | "주식투자해서 대박났어요" |

» 직장생활을 하며 여윳돈으로 주식을 투자해왔습니다.
» 10년 동안 꾸준히 투자하다 보니 4배 이상의 수익이 났습니다.

구분	금액	자금출처	비고
예금	2억원	근로소득	
주식	8억원	근로소득	투자금액 2억원
합계	10억원		

| 3 작성방법 | 아래 순서로 자금조달계획서를 작성합니다. |

자금조달계획부분의 자기자금
· ②번 금융기관 예금액 항목에 2억원
· ③번 주식매각대금 항목에 8억원

자금조달 합계
· ⑬번 합계 항목에 10억원

조달자금지급방식
· 총거래대금 항목에 10억원
· ⑮번 계좌이체금액 항목에 10억원

주택취득자금 조달 및 입주계획서

① 자금 조달계획	자기 자금	② 금융기관 예금액		200,000,000 원	③ 주식·채권 매각대금	800,000,000 원
		④ 증여·상속		원	⑤ 현금 등 그 밖의 자금	원
		[ ]부부 [ ]직계존비속(관계:) [ ] 그 밖의 관계( )			[ ] 보유 현금 [ ]그 밖의 자산(종류:)	
		⑥ 부동산 처분대금 등		원	⑦ 소계	1,000,000,000 원
	차입금 등	⑧ 금융기관 대출액 합계	주택담보대출			원
			신용대출			원
			그 밖의 대출 (대출 종류:)			원
			원			
		기존 주택 보유 여부 (주택담보대출이 있는 경우만 기재) [ ] 미보유 [ ] 보유 (건)				
		⑨ 임대보증금		원	⑩ 회사지원금·사채	원
		⑪ 그 밖의 차입금		원	⑫ 소계	
		[ ] 부부 [ ] 직계존비속(관계:) [ ] 그 밖의 관계( )				원
	⑬ 합계					1,000,000,000 원
⑭ 조달자금 지급방식		총 거래금액				1,000,000,000 원
		⑮ 계좌이체 금액				1,000,000,000 원
		⑯ 보증금·대출 승계 금액				원
		⑰ 현금 및 그 밖의 지급방식 금액				원
		지급 사유 (				)

4 제출증빙
"주식매각대금을 기재한 경우, 주식거래내역서 준비"

구분	금액	증빙
예금	2억원	예금잔액증명서
주식	8억원	주식거래내역서
합계	10억원	

5 Check point
"내 자금으로 투자해서 수익나면 내꺼"

Q 주식투자로 수익난 금액을 전부 사용해도 문제없을까요?

A 답변 네. 이 상황에서는 본인의 자금으로 투자를 하였습니다. 그 투자의 수익금액도 당연히 본인에게 귀속됩니다.

☑ **주의**
본인의 자금으로 투자를 하는 경우에는 자금출처 문제가 없습니다.
하지만, 부모님의 자금으로 주식투자를 한 경우 그 주식투자수익이 누구에게 귀속될지 판단하기 위해서는 실제 자금의 활용과 운용의 주체를 입증할 수 있는 근거자료에 대한 검토가 필요합니다.

주식 대박

주식계좌에서 예금통장으로 옮겨놓았어요.

| 1 기본상황 | "서울에 10억원 아파트를 구입하려 해요" |

» 40대 A씨는 10억원의 아파트를 구입하려 합니다.

구분	금액
계약금	5천만원
중도금	1억5천만원
잔금	8억원
합계	10억원

» 직장생활을 한지는 10년이 되었습니다.
» 연봉에서 여윳돈으로는 모두 저축을 했습니다.
» 그리고 부모님께서 주신 자금으로 주식투자를 했고, 결과가 아주 좋았습니다.
» 주식투자금액을 이번에 집을 사는데 사용하려 합니다.

2 자금 출처
"주식투자금액을 통장에 넣어놨어요."

» 부모님이 주신 자금으로 주식을 투자해왔습니다.
» 운좋게 종목 선정을 잘 해서, 4배 이상의 수익이 났습니다.

구분	금액	자금출처	비고
예금	2억원	근로소득	
예금	8억원	주식매각금액	
합계	10억원		

3 작성방법
아래 순서로 자금조달계획서를 작성합니다.

자금조달계획부분의 자기자금
· ②번 금융기관 예금액 항목에 10억원

자금조달 합계
· ⑬번 합계 항목에 10억원

조달자금지급방식
· 총거래대금 항목에 10억원
· ⑮번 계좌이체금액 항목에 10억원

주택취득자금 조달 및 입주계획서

① 자금 조달계획	자기 자금	② 금융기관 예금액		1,000,000,000 원	③ 주식·채권 매각대금		원
		④ 증여·상속		원	⑤ 현금 등 그 밖의 자금		원
		[ ]부부 [ ]직계존비속(관계:) [ ] 그 밖의 관계( )			[ ] 보유 현금 [ ]그 밖의 자산(종류:)		
		⑥ 부동산 처분대금 등		원	⑦ 소계		1,000,000,000 원
	차입금 등	⑧ 금융기관 대출액 합계		원	주택담보대출		원
					신용대출		원
					그 밖의 대출 (대출 종류:)		원
		기존 주택 보유 여부 (주택담보대출이 있는 경우만 기재) [ ] 미보유 [ ] 보유 (건)					
		⑨ 임대보증금		원	⑩ 회사지원금·사채		원
		⑪ 그 밖의 차입금		원	⑫ 소계		
		[ ] 부부 [ ] 직계존비속(관계:) [ ] 그 밖의 관계( )					원
	⑬ 합계						1,000,000,000 원
⑭ 조달자금 지급방식		총 거래금액					1,000,000,000 원
		⑮ 계좌이체 금액					1,000,000,000 원
		⑯ 보증금·대출 승계 금액					원
		⑰ 현금 및 그 밖의 지급방식 금액					원
		지급 사유 ( )					

4 제출증빙 "자금을 주식계좌에서 빼서 예금통장으로 옮긴 경우, 예금잔액증명서 준비"

구분	금액	증빙
예금	10억원	예금잔액증명서
합계	10억원	

5 Check point "자금조달증빙은 실거래신고시점을 기준으로 판단"

 Q 주식투자금액을 실현시켜 자금이 통장에 있는데, 증빙을 어떤 것을 제출하나요?

A 답변 자금조달증빙은 실거래신고시점을 기준으로 제출합니다. 실거래신고 시점에 주식으로 가지고 있느냐, 아니면 이미 예금통장에 있느냐에 따라 해당 증빙을 제출하면 됩니다.

☑ **주의**
이 상황과 반대로, 가지고 있던 예금으로 주식을 매입한 경우에는 주식거래내역서를 준비하면 됩니다.

주식 대박

부모님께 빌린 자금으로 한 주식투자가 대박났어요.

1 기본상황   "서울에 10억원 아파트를 구입하려 해요"

» 40대 A씨는 10억원의 아파트를 구입하려 합니다.

구분	금액
계약금	5천만원
중도금	1억5천만원
잔금	8억원
합계	10억원

» 직장생활을 한지는 10년이 되었습니다.
» 연봉이 크진 않지만, 꾸준히 저축을 했습니다.
» 그리고 부모님께 자금을 빌려 주식투자를 했고, 결과가 아주 좋았습니다.

| 2 자금 출처 | "부모님께 빌린 돈으로 주식투자해서 대박났어요" |

» 직장생활을 하며 연봉은 저축을 했고,
» 부모님께 빌린 돈으로 주식을 투자했습니다.
» 운이 좋아 주식투자한 종목이 대박났습니다.

구분	금액	자금출처	비고
예금	4억원	근로소득	
주식	6억원	부모님 차입금	차입금액 2억원
합계	10억원		

| 3 작성방법 | 아래 순서로 자금조달계획서를 작성합니다. |

자금조달계획부분의 자기자금
· ②번 금융기관 예금액 항목에 4억원
· ③번 주식매각대금 항목에 6억원

자금조달 합계
· ⑬번 합계 항목에 10억원

조달자금지급방식
· 총거래대금 항목에 10억원
· ⑮번 계좌이체금액 항목에 10억원

주택취득자금 조달 및 입주계획서

① 자금 조달계획	자기 자금	② 금융기관 예금액	400,000,000 원	③ 주식·채권 매각대금	600,000,000 원
		④ 증여·상속 원 [ ]부부 [ ]직계존비속(관계:) [ ] 그 밖의 관계( )		⑤ 현금 등 그 밖의 자금 원 [ ] 보유 현금 [ ]그 밖의 자산(종류:)	
		⑥ 부동산 처분대금 등 원		⑦ 소계	1,000,000,000 원
	차입금 등	⑧ 금융기관 대출액 합계 원	주택담보대출		원
			신용대출		원
			그 밖의 대출 (대출 종류:)		원
		기존 주택 보유 여부 (주택담보대출이 있는 경우만 기재) [ ] 미보유 [ ] 보유 (건)			
		⑨ 임대보증금 원		⑩ 회사지원금·사채	원
		⑪ 그 밖의 차입금 원 [ ] 부부 [ ] 직계존비속(관계:) [ ] 그 밖의 관계( )		⑫ 소계	원
	⑬ 합계				1,000,000,000 원
⑭ 조달자금 지급방식		총 거래금액			1,000,000,000 원
		⑮ 계좌이체 금액			1,000,000,000 원
		⑯ 보증금·대출 승계 금액			원
		⑰ 현금 및 그 밖의 지급방식 금액			원
		지급 사유 ( )			

4 제출증빙 "주식매각대금을 기재한 경우, 주식거래내역서 준비"

구분	금액	증빙
예금	4억원	예금잔액증명서
주식	6억원	주식거래내역서
합계	10억원	

5 Check point "빌린 돈은 잘 갚아야 합니다."

Q 부모님께 빌린 자금으로 투자했는데 괜찮을까요?

A 답변 네. 부모님께 빌린 금액이 맞고, 관련 차입증빙이 충분하며, 본인이 직접 주식 및 관련 자금을 운용한 것이라면 괜찮을 것으로 보입니다.

☑ **주의**
다만, 차입증빙이 불충분하고 운용주체에 대한 입증을 하지 못하는 경우, 투자금 뿐만 아니라 관련 투자수익도 증여로 볼 수 있음에 주의해야 합니다.
따라서, 그동안 차입금에 대한 이자지급내역 및 주식매각대금으로 원금을 상환한 내역 등에 대한 객관적인 증빙을 갖추고, 주식의 투자주체가 본인임을 입증할 수 있는 서류를 준비할 필요가 있습니다.

부동산 대박

아파트가격이 많이 올랐어요

| 1 기본상황 | "서울에 10억원 아파트를 구입하려 해요" |

》 40대 A씨는 10억원의 아파트를 구입하려 합니다.

구분	금액
계약금	5천만원
중도금	1억5천만원
잔금	8억원
합계	10억원

》 직장생활을 한지는 10년이 되었습니다.
》 직장생활한지 얼마 지나지 않았을 때, 무리를 해서 위치가 좋은 아파트에 투자를 했습니다.
》 그 대출금액을 갚느라 저축은 거의 하지 못했습니다.

2 자금 출처 "아파트에 투자해서 대박났어요"

» 연봉으로 저축한 금액은 얼마 되지 않습니다.
» 다만 투자한 아파트 가격이 많이 올라 그 부동산을 처분하면 주택구입 대금이 충분합니다.(비과세 가정)

구분	금액	자금출처	비고
예금	0.5억원	근로소득	
부동산	9.5억원	부동산매각대금	투자금액 5억원 매각금액 15억원
합계	10억원		

3 작성방법 아래 순서로 자금조달계획서를 작성합니다.

자금조달계획부분의 자기자금
· ②번 금융기관 예금액 항목에 0.5억원
· ⑥번 부동산처분대금 항목에 9.5억원

자금조달 합계
· ⑬번 합계 항목에 10억원

조달자금지급방식
· 총거래대금 항목에 10억원
· ⑮번 계좌이체금액 항목에 10억원

주택취득자금 조달 및 입주계획서

① 자금 조달계획	자기 자금	② 금융기관 예금액	50,000,000 원	③ 주식·채권 매각대금	원
		④ 증여·상속	원	⑤ 현금 등 그 밖의 자금	원
		[ ]부부 [ ]직계존비속(관계:) [ ] 그 밖의 관계( )		[ ] 보유 현금 [ ]그 밖의 자산(종류:)	
		⑥ 부동산 처분대금 등	950,000,000 원	⑦ 소계	1,000,000,000 원
	차입금 등	⑧ 금융기관 대출액 합계	원	주택담보대출	원
				신용대출	원
				그 밖의 대출 (대출 종류:)	원
		기존 주택 보유 여부 (주택담보대출이 있는 경우만 기재) [ ] 미보유 [ ] 보유 (건)			
		⑨ 임대보증금	원	⑩ 회사지원금·사채	원
		⑪ 그 밖의 차입금	원	⑫ 소계	
		[ ] 부부 [ ] 직계존비속(관계:) [ ] 그 밖의 관계( )			원
	⑬ 합계				1,000,000,000 원
⑭ 조달자금 지급방식		총 거래금액			1,000,000,000 원
		⑮ 계좌이체 금액			1,000,000,000 원
		⑯ 보증금·대출 승계 금액			원
		⑰ 현금 및 그 밖의 지급방식 금액			원
		지급 사유 (			)

| 4 제출증빙 | "부동산처분대금을 기재한 경우, 부동산매매계약서 준비" |

구분	금액	증빙
예금	0.5억원	예금잔액증명서
부동산처분대금	9.5억원	부동산매매계약서
합계	10억원	

| 5 Check point | "자금조달계획서는 세후 실수령금액 기준으로 작성" |

Q 투자한 아파트가 많이 올랐는데 괜찮을까요?

A 답변 네. 아파트 가격이 급등을 했어도 정상적인 투자로 인한 수익이라면 자금조달계획서에 기재해도 됩니다.

☑ **주의**
자금조달계획서는 "세후" 금액을 기준으로 작성하는 것이 좋습니다.
또한, 주택 비과세가 적용되는 상황이어도, 양도가액이 9억원을 넘는 경우에는 초과부분에 대해서 양도세가 나오는 점은 유의해야 합니다.

09
부동산 대박

땅을 잘 투자했어요

| 1
기본상황 | "서울에 10억원 아파트를 구입하려 해요" |

» 40대 A씨는 10억원의 아파트를 구입하려 합니다.

구분	금액
계약금	5천만원
중도금	1억5천만원
잔금	8억원
합계	10억원

» 직장생활을 한지는 10년이 되었습니다.
» 평소에도 땅에 관심이 많았는데, 좋은 소식이 있을 땅을 알게 되었어요.
» 모아놓은 금액이 없지만, 무리해서 투자를 했습니다.

2 자금 출처 "땅 투자해서 대박났어요"

» 연봉으로 저축한 금액은 별로 되지 않습니다.
» 다만 투자한 토지 가격이 많이 올라, 그 토지를 처분해서 주택구입대금으로 사용하려 합니다.

구분	금액	자금출처	비고
예금	0.5억원	예금잔액증명서	
부동산처분대금	9.5억원	부동산매매계약서	투자금액 5억원 매각금액 20억원
합계	10억원		

3 작성방법 아래 순서로 자금조달계획서를 작성합니다.

자금조달계획부분의 자기자금
· ②번 금융기관 예금액 항목에 0.5억원
· ⑥번 부동산처분대금 항목에 9.5억원

자금조달 합계
· ⑬번 합계 항목에 10억원

조달자금지급방식
· 총거래대금 항목에 10억원
· ⑮번 계좌이체금액 항목에 10억원

주택취득자금 조달 및 입주계획서

① 자금 조달계획	자기 자금	② 금융기관 예금액 50,000,000 원	③ 주식·채권 매각대금 원		
		④ 증여·상속 원 [ ]부부 [ ]직계존비속(관계:　　) [ ] 그 밖의 관계(　　　　)	⑤ 현금 등 그 밖의 자금 원 [ ] 보유 현금 [ ]그 밖의 자산(종류:　　)		
		⑥ 부동산 처분대금 등 950,000,000 원	⑦ 소계 1,000,000,000 원		
	차입금 등	⑧ 금융기관 대출액 합계 원	주택담보대출		원
			신용대출		원
			그 밖의 대출 (대출 종류:　　　　)		원
		기존 주택 보유 여부 (주택담보대출이 있는 경우만 기재) [ ] 미보유　　[ ] 보유 (　　건)				
		⑨ 임대보증금 원	⑩ 회사지원금·사채 원		
		⑪ 그 밖의 차입금 원 [ ] 부부 [ ] 직계존비속(관계:　　) [ ] 그 밖의 관계(　　　　)	⑫ 소계 원		
	⑬ 합계		1,000,000,000 원		
⑭ 조달자금 지급방식		총 거래금액	1,000,000,000 원		
		⑮ 계좌이체 금액	1,000,000,000 원		
		⑯ 보증금·대출 승계 금액	원		
		⑰ 현금 및 그 밖의 지급방식 금액	원		
		지급 사유 (　　　　　　　　　　　　　)				

| 4 제출증빙 | "부동산처분대금을 기재한 경우, 부동산매매계약서 준비" |

구분	금액	증빙
예금	0.5억원	예금잔액증명서
부동산처분대금	9.5억원	부동산매매계약서
합계	10억원	

| 5 Check point | 부정한 정보를 이용한 땅투자가 아니라면 괜찮지만, "양도세를 납부할 금액은 빼고 자금조달계획 수립" |

Q 투자한 땅이 많이 올랐는데 괜찮을까요?

A 답변 네. 부정한 내부정보를 이용한 것이 아니라면 괜찮습니다.

 주의
토지의 경우, 주택과 달리 비과세 되지 않습니다.
매각금액에서 납부하는 양도세를 고려하여 자금조달계획서를 작성해야 합니다.

그냥 대박

복권에 당첨되었어요.

> **1 기본상황**   "서울에 10억원 아파트를 구입하려 해요"

» 40대 A씨는 10억원의 아파트를 구입하려 합니다.

구분	금액
계약금	5천만원
중도금	1억5천만원
잔금	8억원
합계	10억원

» 직장생활을 한지는 10년이 되었지만, 저축을 많이 하지는 못했습니다.
» 평소 재미로 매주 복권을 구입했었는데,
» 운좋게 얼마 전에 당첨이 되었습니다.

2 자금 출처 "복권 1등에 당첨되었어요."

» 연봉으로도 조금씩 저축을 했습니다.
» 복권 1등에 당첨되어 지난 주에 당첨금을 수령했습니다.

구분	금액	자금출처	비고
예금	1억원	근로소득	
예금	9억원	기타소득	1등 당첨금 24억원
합계	10억원		

3 작성방법 아래 순서로 자금조달계획서를 작성합니다.

자금조달계획부분의 자기자금
· ②번 금융기관 예금액 항목에 10억원

자금조달 합계
· ⑬번 합계 항목에 10억원

조달자금지급방식
· 총거래대금 항목에 10억원
· ⑮번 계좌이체금액 항목에 10억원

주택취득자금 조달 및 입주계획서

① 자금 조달계획	자기 자금	② 금융기관 예금액		1,000,000,000 원	③ 주식·채권 매각대금		원
		④ 증여·상속		원	⑤ 현금 등 그 밖의 자금		원
		[ ]부부 [ ]직계존비속(관계:) [ ] 그 밖의 관계( )			[ ] 보유 현금 [ ]그 밖의 자산(종류:)		
		⑥ 부동산 처분대금 등		원	⑦ 소계		1,000,000,000 원
	차입금 등	⑧ 금융기관 대출액 합계	주택담보대출				원
			신용대출				원
			그 밖의 대출				원
			원		(대출 종류:)		
		기존 주택 보유 여부 (주택담보대출이 있는 경우만 기재) [ ] 미보유 [ ] 보유 (건)					
		⑨ 임대보증금		원	⑩ 회사지원금·사채		원
		⑪ 그 밖의 차입금		원	⑫ 소계		
		[ ] 부부 [ ] 직계존비속(관계:) [ ] 그 밖의 관계( )					원
	⑬ 합계						1,000,000,000 원
⑭ 조달자금 지급방식		총 거래금액					1,000,000,000 원
		⑮ 계좌이체 금액					1,000,000,000 원
		⑯ 보증금·대출 승계 금액					원
		⑰ 현금 및 그 밖의 지급방식 금액					원
		지급 사유 (					)

| 4 제출증빙 | "예금만으로도 충분한 경우, 예금잔액증명서 준비" |

구분	금액	증빙
예금	10억원	예금잔액증명서
합계	10억원	

| 5 Check point | "복권 당첨금은 기타소득에 해당하며, 이 역시도 나의 소득" |

Q 평소에 저축은 약간만 하고 나머지는 다 카드로 썼는데 괜찮을까요? 복권당첨되어 예금을 너무 많이 기재한거 같아서요.

A 답변 네. 당첨금을 수령할 때 금융기관에서 기타소득원천징수를 합니다. 정당하게 세금신고된 소득이므로 자금조달계획서에 기재하면 됩니다.

☑ **주의**
그래도 불안하신 경우, 당첨금 관련 기타소득원천징수영수증을 해당 금융기관에서 발급받아 보관하고 있어도 됩니다.

> 배우자의 지원이 있는 경우
> 배우자와 공동자금이 있는 경우

Part 02

그대 없인 못 산다

1. 내 통장에는 돈이 없어요.
2. 둘이 번 돈을 합해 단독명의로 구입해요
3. 단독명의로 하니 아쉽대서 공동명의로 해요
4. 자금사정상 7:3 공동명의로 해요
5. 어떻게든 5:5 공동명의로 하려해요
6. 잔금일 전에 혼인신고 할 수 있어요.
7. 사정상 혼인신고는 한참 후에 할 수 있어요.
8. 공동명의 전세로 살고 있었어요
9. 단독명의 전세인데, 공동자금이에요.
10. 남편은 부동산 투자를, 와이프는 주식투자를 잘 했어요.

배우자가 내 통장 관리

내 통장에는 돈이 없어요.

| 1 기본상황 | "서울에 10억원 아파트를 구입하려 해요" |

» 40대 A씨는 10억원의 아파트를 구입하려 합니다.

구분	금액
계약금	5천만원
중도금	1억5천만원
잔금	8억원
합계	10억원

» 직장생활을 한지는 10년이 되었습니다.
» 연봉도 많은데, 매년 인상되었고,
» 부여받은 스톡옵션도 행사하였습니다.

2 자금 출처
"자금은 충분한데 배우자통장에 들어있어요."

» 연봉 및 스톡옵션만으로도 집을 구입하는데 부족하지 않습니다.
» 하지만 그 금액이 모두 배우자 명의의 통장에 있습니다.
» 그래서 자금조달계획서 제출 전에 A씨 본인의 통장으로 이체했습니다.

구분	금액	자금출처	비고
예금	10억원	근로소득	배우자 명의 통장
합계	10억원		

3 작성방법
아래 순서로 자금조달계획서를 작성합니다.

자금조달계획부분의 자기자금
· ②번 금융기관 예금액 항목에 10억원

자금조달 합계
· ⑬번 합계 항목에 10억원

조달자금지급방식
· 총거래대금 항목에 10억원
· ⑮번 계좌이체금액 항목에 10억원

주택취득자금 조달 및 입주계획서

① 자금 조달계획	자기 자금	② 금융기관 예금액	1,000,000,000 원	③ 주식·채권 매각대금	원
		④ 증여·상속	원	⑤ 현금 등 그 밖의 자금	원
		[ ]부부 [ ]직계존비속(관계:) [ ] 그 밖의 관계( )		[ ] 보유 현금 [ ]그 밖의 자산(종류:)	
		⑥ 부동산 처분대금 등	원	⑦ 소계	1,000,000,000 원
	차입금 등	⑧ 금융기관 대출액 합계	원	주택담보대출	원
				신용대출	원
				그 밖의 대출 (대출 종류:)	원
		기존 주택 보유 여부 (주택담보대출이 있는 경우만 기재) [ ] 미보유 [ ] 보유 (건)			
		⑨ 임대보증금	원	⑩ 회사지원금·사채	원
		⑪ 그 밖의 차입금	원	⑫ 소계	
		[ ] 부부 [ ] 직계존비속(관계:) [ ] 그 밖의 관계( )			원
	⑬ 합계				1,000,000,000 원
⑭ 조달자금 지급방식		총 거래금액			1,000,000,000 원
		⑮ 계좌이체 금액			1,000,000,000 원
		⑯ 보증금·대출 승계 금액			원
		⑰ 현금 및 그 밖의 지급방식 금액			원
		지급 사유 ( )			

4 제출증빙 "예금만으로도 충분한 경우, 예금잔액증명서 준비"

구분	금액	증빙
예금	10억원	예금잔액증명서
합계	10억원	

5 Check point "내 돈은 내 통장에"
"굳이 배우자 통장으로 관리한다면, 그 내역을 잘 기억·기록"

Q 배우자 통장에 있는 금액을 사용해도 되나요?

A 답변 내 명의의 주택을 사고, 내 예금을 기입하는 경우에는 내 명의의 통장에 해당 금액이 있어야 합니다.

☑ **주의**
나의 예금이라 기입하고, 배우자 명의의 예금잔액증명서를 제출하는 경우에는, 배우자로부터 증여를 받는다고 보여질 수 있습니다.
또한 배우자 통장에 있던 자금을 내 통장에 옮길 때에도, 해당 금액이 실제 나의 소득이었고, 단순히 관리 편의상 배우자 통장에 있었다는 사실을 정리해야 증여세 과세위험이 낮아질 수 있습니다.

각자 자금 관리

둘이 번 돈을 합해 단독명의로 구입해요

> **1 기본상황** "서울에 10억원 아파트를 구입하려 해요"

» 40대 A씨는 10억원의 아파트를 구입하려 합니다.

구분	금액
계약금	5천만원
중도금	1억5천만원
잔금	8억원
합계	10억원

» A씨와 배우자 B씨는 직장생활을 한지는 10년이 되었습니다.
» 둘의 연봉수준도 비슷하고, 연봉도 많고, 알뜰하게 저축도 했습니다.

2 자금 출처 "둘의 자금을 합해 한 명의 명의로 구입하려해요"

» 두 사람의 그동안의 소득을 합하면 주택을 구입하기에 충분합니다.
» 다만, 공동명의로 하면 번거로울 것 같아 A씨 단독명의로 구입하려 합니다.

구분	금액	자금출처	비고
예금	5억원	근로소득	본인 A
증여	5억원	배우자증여	배우자 B
합계	10억원		

3 작성방법 아래 순서로 자금조달계획서를 작성합니다.

자금조달계획부분의 자기자금
· ②번 금융기관 예금액 항목에 5억원
· ④번 증여·상속 항목에 5억원(관계에서는 부부란에 체크)

자금조달 합계
· ⑬번 합계 항목에 10억원

조달자금지급방식
· 총거래대금 항목에 10억원
· ⑮번 계좌이체금액 항목에 10억원

주택취득자금 조달 및 입주계획서

① 자금 조달계획	자기 자금	② 금융기관 예금액		500,000,000 원	③ 주식·채권 매각대금	원
		④ 증여·상속		500,000,000 원	⑤ 현금 등 그 밖의 자금	원
		[○]부부 [ ]직계존비속(관계:) [ ] 그 밖의 관계( )			[ ] 보유 현금 [ ]그 밖의 자산(종류:)	
		⑥ 부동산 처분대금 등		원	⑦ 소계	1,000,000,000 원
	차입금 등	⑧ 금융기관 대출액 합계	주택담보대출			원
			신용대출			원
			그 밖의 대출			원
				원	(대출 종류:)	
		기존 주택 보유 여부 (주택담보대출이 있는 경우만 기재) [ ] 미보유 [ ] 보유 (건)				
		⑨ 임대보증금		원	⑩ 회사지원금·사채	원
		⑪ 그 밖의 차입금		원	⑫ 소계	
		[ ] 부부 [ ] 직계존비속(관계:) [ ] 그 밖의 관계( )				원
	⑬ 합계					1,000,000,000 원
⑭ 조달자금 지급방식		총 거래금액				1,000,000,000 원
		⑮ 계좌이체 금액				1,000,000,000 원
		⑯ 보증금·대출 승계 금액				원
		⑰ 현금 및 그 밖의 지급방식 금액				원
		지급 사유 (				)

4 제출증빙 "배우자증여를 기재한 경우, 증여세신고서 준비"

구분	금액	증빙
예금	5억원	예금잔액증명서
증여	5억원	증여세신고서
합계	10억원	

5 Check point "세금이 안나와도 증빙제출용으로 증여세신고서 필요"

Q 납부할 세금이 없는데 굳이 증여세신고를 해야해요?

A 답변 네. 배우자에게는 6억원까지 증여받아도 세금이 없습니다.
다만, 자금조달증빙을 제출해야 하기에 증여세신고를 하는 것이 좋습니다.

☑ **주의**
증여사실을 인정받으려면 증여세를 신고하여야 하며, 과세미달로 신고하는 것보다는 납부세액이 나오도록 증여재산공제액 보다 약간 많은 금액을 증여하는 것이 좋습니다. 즉, 언제, 누구로부터, 얼마나 증여받았고, 증여세를 얼마 냈다는 관련 신고서 및 납부영수증을 근거로 남겨놓는 것이 좋습니다.
(국세청 세금절약 가이드_상속증여편 참고).

03
각자 자금 관리

단독명의로 하니 아쉽대서 공동명의로 해요

| 1 기본상황 | "서울에 10억원 아파트를 구입하려 해요" |

» 40대 A씨와 B씨는 10억원의 아파트를 구입하려 합니다.

구분	금액
계약금	5천만원
중도금	1억5천만원
잔금	8억원
합계	10억원

» A씨와 배우자 B씨는 직장생활을 한지는 10년이 되었습니다.
» 둘의 연봉수준도 비슷하고, 연봉도 많고, 알뜰하게 저축도 했습니다.

| **2**
자금 출처 | "각각의 자금으로 공동명의로 구입하려해요" |

≫ 두 사람의 그동안 소득금액 등을 합하면 주택을 구입하기에 충분합니다.
≫ 통장도 각자 관리하며, 신규 아파트도 5:5 지분으로 구입하려 합니다.

구분	금액	자금출처	비고
예금	5억원	근로소득	본인 A
예금	5억원	근로소득	배우자 B
합계	10억원		

| **3**
작성방법 | A씨와 B씨는 각각 아래 순서로 자금조달계획서를 작성합니다. |

자금조달계획부분의 자기자금
· ②번 금융기관 예금액 항목에 5억원

자금조달 합계
· ⑬번 합계 항목에 5억원

조달자금지급방식
· 총거래대금 항목에 5억원
· ⑮번 계좌이체금액 항목에 5억원

>> A씨의 자금조달계획서

주택취득자금 조달 및 입주계획서

① 자금 조달계획	자기 자금	② 금융기관 예금액 500,000,000 원		③ 주식·채권 매각대금 원	
		④ 증여·상속 원		⑤ 현금 등 그 밖의 자금 원	
		[ ]부부 [ ]직계존비속(관계:) [ ] 그 밖의 관계( )		[ ] 보유 현금 [ ]그 밖의 자산(종류:)	
		⑥ 부동산 처분대금 등 원		⑦ 소계 500,000,000 원	
	차입금 등	⑧ 금융기관 대출액 합계 원	주택담보대출		원
			신용대출		원
			그 밖의 대출		원
				(대출 종류:	)
		기존 주택 보유 여부 (주택담보대출이 있는 경우만 기재) [ ] 미보유 [ ] 보유 (건)			
		⑨ 임대보증금 원		⑩ 회사지원금·사채 원	
		⑪ 그 밖의 차입금 원		⑫ 소계	
		[ ] 부부 [ ] 직계존비속(관계:) [ ] 그 밖의 관계( )			원
	⑬ 합계			500,000,000 원	
⑭ 조달자금 지급방식		총 거래금액		500,000,000 원	
		⑮ 계좌이체 금액		500,000,000 원	
		⑯ 보증금·대출 승계 금액		원	
		⑰ 현금 및 그 밖의 지급방식 금액		원	
		지급 사유 (		)	

» B씨의 자금조달계획서

주택취득자금 조달 및 입주계획서

① 자금 조달계획	자기 자금	② 금융기관 예금액 500,000,000 원	③ 주식·채권 매각대금 원
		④ 증여·상속 원 [ ]부부 [ ]직계존비속(관계:) [ ] 그 밖의 관계( )	⑤ 현금 등 그 밖의 자금 원 [ ] 보유 현금 [ ]그 밖의 자산(종류:)
		⑥ 부동산 처분대금 등 원	⑦ 소계 500,000,000 원
	차입금 등	⑧ 금융기관 대출액 합계 원	주택담보대출 원
			신용대출 원
			그 밖의 대출 원 (대출 종류:)
		기존 주택 보유 여부 (주택담보대출이 있는 경우만 기재) [ ] 미보유 [ ] 보유 (건)	
		⑨ 임대보증금 원	⑩ 회사지원금·사채 원
		⑪ 그 밖의 차입금 원 [ ] 부부 [ ] 직계존비속(관계:) [ ] 그 밖의 관계( )	⑫ 소계 원
	⑬ 합계		500,000,000 원
⑭ 조달자금 지급방식		총 거래금액	500,000,000 원
		⑮ 계좌이체 금액	500,000,000 원
		⑯ 보증금·대출 승계 금액	원
		⑰ 현금 및 그 밖의 지급방식 금액	원
		지급 사유 ( )	

| 4 제출증빙 | "예금을 기재한 경우, 예금잔액증명서 준비" |

구분	금액	증빙
예금	5억원	예금잔액증명서
합계	5억원	

| 5 Check point | "부부 공동명의의 경우, 각각 자금조달계획서 및 자금조달증빙 제출" |

 공동명의라도 부부가 같이 구입하는 경우에는 자금조달계획서 1장만 내면 되죠?

A 답변
아닙니다.
공동명의로 주택을 구입하는 경우에는 각자 자금조달계획서 및 자금조달증빙을 제출해야 합니다.

☑ **주의**
각각에 해당하는 자금에 대한 소득증빙이 충분한 경우에는 자금조달계획서 작성에 문제가 없습니다.
그런데 배우자 한 쪽의 소득 등이 낮아 구입자금이 모자라는 상황에서 굳이 5:5 공동명의로 하는 경우에는 증여세 과세위험이 높아질 수 있습니다.

04 각자 자금 관리

자금사정상 7:3 공동명의로 해요

> **1 기본상황**   "서울에 10억원 아파트를 구입하려 해요"

» 40대 A씨와 B씨는 10억원의 아파트를 구입하려 합니다.

구분	금액
계약금	5천만원
중도금	1억5천만원
잔금	8억원
합계	10억원

» A씨와 배우자 B씨는 직장생활을 한지는 10년이 되었습니다.
» 배우자 B씨는 육아휴직도 해서 A씨보다는 모아놓은 자금이 작습니다.

2 자금 출처 "5:5는 안되지만, 7:3으로는 할려구요."

» 아무래도 단독명의로 하게되면 다른 상대방이 불만을 가질 수 있습니다.
» 본인 자금이 허락하는 한도 내에서 최대한으로 지분을 확보하려다 보니, 7:3으로 구입하게 되었습니다.

구분	금액	자금출처	비고
예금	7억원	근로소득	본인 A
예금	3억원	근로소득	배우자 B
합계	10억원		

3 작성방법 A씨는 각각 아래 순서로 자금조달계획서를 작성합니다.

자금조달계획부분의 자기자금
· ②번 금융기관 예금액 항목에 7억원

자금조달 합계
· ⑬번 합계 항목에 7억원

조달자금지급방식
· 총거래대금 항목에 7억원
· ⑮번 계좌이체금액 항목에 7억원

» A씨의 자금조달계획서

주택취득자금 조달 및 입주계획서

① 자금 조달계획	자기 자금	② 금융기관 예금액 700,000,000 원		③ 주식·채권 매각대금 원	
		④ 증여·상속 원 [ ]부부 [ ]직계존비속(관계:) [ ] 그 밖의 관계( )		⑤ 현금 등 그 밖의 자금 원 [ ] 보유 현금 [ ]그 밖의 자산(종류:)	
		⑥ 부동산 처분대금 등 원		⑦ 소계 700,000,000 원	
	차입금 등	⑧ 금융기관 대출액 합계 원	주택담보대출		원
			신용대출		원
			그 밖의 대출 (대출 종류:)		원
		기존 주택 보유 여부 (주택담보대출이 있는 경우만 기재) [ ] 미보유 [ ] 보유 (건)			
		⑨ 임대보증금 원		⑩ 회사지원금·사채 원	
		⑪ 그 밖의 차입금 원 [ ] 부부 [ ] 직계존비속(관계:) [ ] 그 밖의 관계( )		⑫ 소계 원	
	⑬ 합계	700,000,000 원			
⑭ 조달자금 지급방식		총 거래금액		700,000,000 원	
		⑮ 계좌이체 금액		700,000,000 원	
		⑯ 보증금·대출 승계 금액		원	
		⑰ 현금 및 그 밖의 지급방식 금액 지급 사유 ( )		원	

| 3 작성방법 | B씨는 각각 아래 순서로 자금조달계획서를 작성합니다. |

자금조달계획부분의 자기자금
· ②번 금융기관 예금액 항목에 3억원

자금조달 합계
· ⑬번 합계 항목에 3억원

조달자금지급방식
· 총거래대금 항목에 3억원
· ⑮번 계좌이체금액 항목에 3억원

≫ B씨의 자금조달계획서

주택취득자금 조달 및 입주계획서

① 자금 조달계획	자기 자금	② 금융기관 예금액 300,000,000 원		③ 주식·채권 매각대금 원	
		④ 증여·상속 원 [ ]부부 [ ]직계존비속(관계:) [ ] 그 밖의 관계( )		⑤ 현금 등 그 밖의 자금 원 [ ] 보유 현금 [ ]그 밖의 자산(종류:)	
		⑥ 부동산 처분대금 등 원		⑦ 소계 300,000,000 원	
	차입금 등	⑧ 금융기관 대출액 합계 원	주택담보대출		원
			신용대출		원
			그 밖의 대출 (대출 종류:)		원
		기존 주택 보유 여부 (주택담보대출이 있는 경우만 기재) [ ] 미보유 [ ] 보유 (건)			
		⑨ 임대보증금 원		⑩ 회사지원금·사채 원	
		⑪ 그 밖의 차입금 원 [ ] 부부 [ ] 직계존비속(관계:) [ ] 그 밖의 관계( )		⑫ 소계 원	
	⑬ 합계			300,000,000 원	
⑭ 조달자금 지급방식		총 거래금액		300,000,000 원	
		⑮ 계좌이체 금액		300,000,000 원	
		⑯ 보증금·대출 승계 금액		원	
		⑰ 현금 및 그 밖의 지급방식 금액		원	
		지급 사유 ( )			

4 제출증빙 "각각 예금을 기재한 경우, 예금잔액증명서 준비"

구분	금액	증빙
예금(A씨)	7억원	예금잔액증명서
예금(B씨)	3억원	예금잔액증명서

 5 Check point "반반으로도, 7:3으로도 공동명의 가능"

Q 공동명의인데 7:3으로 해도 되나요?

A 답변
네.
5:5 비율만 공동명의가 아닙니다.
7:3 비율도, 9:1 비율도 가능합니다.

☑ **주의**
본인의 자금능력에 맞게 공동명의 비율을 설정하면 별다른 문제는 없습니다.
즉, 본인의 자금능력에 비해 과다하게 취득한 것으로 보이게 될 경우에는 추가적인 소명자료 준비가 필요합니다.

각자 자금 관리

어떻게든 5:5 공동명의로 하려해요

1 기본상황 "서울에 10억원 아파트를 구입하려 해요"

》 40대 A씨와 B씨는 10억원의 아파트를 구입하려 합니다.

구분	금액
계약금	5천만원
중도금	1억5천만원
잔금	8억원
합계	10억원

》 A씨와 배우자 B씨는 직장생활을 한지는 10년이 되었습니다.
》 배우자 B씨는 육아휴직도 해서 A씨보다는 모아놓은 예금이 작습니다.
　(A씨 예금 7억원, B씨 예금 3억원)
》 하지만 어떻게든 이번에 5:5 공동명의로 하려합니다.

2 자금 출처
"퇴직금 중간정산도 받고, 회사대출도 알아봐요"

» 배우자 도움없이 부족한 자금을 확보해서 5:5를 만들려고 합니다.
» 퇴직금 중간정산도 받고, 회사의 저리대출도 신청합니다.

구분	금액	자금출처	비고
예금	5억원	근로소득	본인 A
예금	3억원	근로소득	배우자 B
퇴직금	1억원	퇴직소득	
회사지원금	1억원	차입금	
합계	10억원		

3 작성방법
A씨는 아래 순서로 자금조달계획서를 작성합니다.

자금조달계획부분의 자기자금
· ②번 금융기관 예금액 항목에 5억원

자금조달 합계
· ⑬번 합계 항목에 5억원

조달자금지급방식
· 총거래대금 항목에 5억원
· ⑮번 계좌이체금액 항목에 5억원

≫ A씨의 자금조달계획서

주택취득자금 조달 및 입주계획서

① 자금 조달계획	자기 자금	② 금융기관 예금액 500,000,000 원		③ 주식·채권 매각대금 원	
		④ 증여·상속 원 [ ]부부 [ ]직계존비속(관계:　　) [ ] 그 밖의 관계(　　　　)		⑤ 현금 등 그 밖의 자금 원 [ ] 보유 현금 [ ]그 밖의 자산(종류:　　)	
		⑥ 부동산 처분대금 등 원		⑦ 소계 500,000,000 원	
	차입금 등	⑧ 금융기관 대출액 합계 원	주택담보대출		원
			신용대출		원
			그 밖의 대출 (대출 종류:　　　　)		원
		기존 주택 보유 여부 (주택담보대출이 있는 경우만 기재) [ ] 미보유　 [ ] 보유 (　　건)			
		⑨ 임대보증금 원		⑩ 회사지원금·사채 원	
		⑪ 그 밖의 차입금 원 [ ] 부부 [ ] 직계존비속(관계:　　) [ ] 그 밖의 관계(　　　　)		⑫ 소계 원	
	⑬ 합계			500,000,000 원	
⑭ 조달자금 지급방식		총 거래금액		500,000,000 원	
		⑮ 계좌이체 금액		500,000,000 원	
		⑯ 보증금·대출 승계 금액		원	
		⑰ 현금 및 그 밖의 지급방식 금액		원	
		지급 사유 (　　　　　　　　　　　　　　)			

| 3 작성방법 | B씨는 아래 순서로 자금조달계획서를 작성합니다. |

자금조달계획부분의 자기자금
· ②번 금융기관 예금액 항목에 3억원
· ⑤번 현금 등 그 밖의 자금 항목에 1억원

자금조달계획부분의 차입금
· ⑩번 회사지원금 항목에 1억원

자금조달 합계
· **⑬번 합계 항목에 5억원**

조달자금지급방식
· 총거래대금 항목에 5억원
· ⑮번 계좌이체금액 항목에 5억원

» B씨의 자금조달계획서

주택취득자금 조달 및 입주계획서

① 자금 조달계획	자기 자금	② 금융기관 예금액 300,000,000 원		③ 주식·채권 매각대금 원	
		④ 증여·상속 원 [ ]부부 [ ]직계존비속(관계:) [ ] 그 밖의 관계( )		⑤ 현금 등 그 밖의 자금 100,000,000 원 [ ] 보유 현금 [O]그 밖의 자산(종류:퇴직금중간정산)	
		⑥ 부동산 처분대금 등 원		⑦ 소계 400,000,000 원	
	차입금 등	⑧ 금융기관 대출액 합계 원	주택담보대출		원
			신용대출		원
			그 밖의 대출 (대출 종류:)		원
		기존 주택 보유 여부 (주택담보대출이 있는 경우만 기재) [ ] 미보유 [ ] 보유 (건)			
		⑨ 임대보증금 원		⑩ 회사지원금·사채 100,000,000 원	
		⑪ 그 밖의 차입금 원 [ ] 부부 [ ] 직계존비속(관계:) [ ] 그 밖의 관계( )		⑫ 소계 100,000,000 원	
	⑬ 합계			500,000,000 원	
⑭ 조달자금 지급방식		총 거래금액		500,000,000 원	
		⑮ 계좌이체 금액		500,000,000 원	
		⑯ 보증금·대출 승계 금액		원	
		⑰ 현금 및 그 밖의 지급방식 금액 지급 사유 ( )		원	

4 제출증빙 A씨
"예금을 기재한 경우, 예금잔액증명서 준비"

구분	금액	증빙
예금	5억원	예금잔액증명서
합계	5억원	

4 제출증빙 B씨
"자금조달증빙은 본인이 조달한 자금이 맞음을 외부에 보여주는 객관적인 서류"

구분	금액	증빙
예금	3억원	예금잔액증명서
퇴직금중간정산	1억원	퇴직금중간정산신청서 및 퇴직금계산내역(회사날인)
회사지원금	1억원	회사지원금신청서
합계	5억원	

> **5 Check point** "자금조달 증빙형태는 실거래신고 시점을 기준으로 판단"

Q 퇴직금 중간정산을 받는 것은 어디에 기재하나요?

답변
퇴직금 중간정산을 신청하여 실거래신고시점에,
- 아직 퇴직금이 들어오지 않았다면 현금 등 그 밖의 자금에
- 이미 통장에 들어와 있다면, 예금항목에 기재합니다.

☑ 주의
이미 퇴직금이 통장에 입금되었다면, 회사에 퇴직소득원천징수영수증을 발급해달라고 하면 됩니다.
아직 입금 전이라면, 퇴직소득계산내역에 회사 사용인감을 날인받아 증빙으로 제출하면 됩니다.

혼인신고 전 계약

잔금일 전에
혼인신고 할 수 있어요.

1 기본상황 — "서울에 10억원 아파트를 구입하려 해요"

» 40대 A씨와 B씨는 10억원의 아파트를 구입하려 합니다.

구분	금액
계약금	5천만원
중도금	1억5천만원
잔금	8억원
합계	10억원

» A씨와 B씨는 직장생활을 한지는 10년이 되었습니다.
» 조만간 결혼하고 혼인신고도 하려 합니다.
» 지금까지 모은 자금은 A씨 예금 7억원, B씨 예금 3억원 입니다.
» 하지만 어떻게든 이번에 5:5 공동명의로 하려합니다.

2 자금 출처
"잔금일 전에 혼인신고 하고, 예비배우자에게 증여받아요"

» 퇴직금 중간정산을 받아 5:5 지분비율을 맞추려고 하니 너무 아깝다는 생각이 들었습니다.
» 그래서 부족분은 예비배우자에게 증여받기로 했습니다.

구분	금액	자금출처	비고
예금	5억원	근로소득	본인 A
예금	3억원	근로소득	예비배우자 B
증여	2억원	예비배우자증여	
합계	10억원		

3 작성방법
A씨는 아래 순서로 자금조달계획서를 작성합니다.

자금조달계획부분의 자기자금
· ②번 금융기관 예금액 항목에 5억원

자금조달 합계
· ⑬번 합계 항목에 5억원

조달자금지급방식
· 총거래대금 항목에 5억원
· ⑮번 계좌이체금액 항목에 5억원

» A씨의 자금조달계획서

주택취득자금 조달 및 입주계획서

① 자금 조달계획	자기 자금	② 금융기관 예금액 500,000,000 원		③ 주식·채권 매각대금 원	
		④ 증여·상속 원 [ ]부부 [ ]직계존비속(관계:) [ ] 그 밖의 관계( )		⑤ 현금 등 그 밖의 자금 원 [ ] 보유 현금 [ ]그 밖의 자산(종류:)	
		⑥ 부동산 처분대금 등 원		⑦ 소계 500,000,000 원	
	차입금 등	⑧ 금융기관 대출액 합계 원	주택담보대출		원
			신용대출		원
			그 밖의 대출		원 (대출 종류:)
		기존 주택 보유 여부 (주택담보대출이 있는 경우만 기재) [ ] 미보유 [ ] 보유 (건)			
		⑨ 임대보증금 원		⑩ 회사지원금·사채 원	
		⑪ 그 밖의 차입금 원 [ ] 부부 [ ] 직계존비속(관계:) [ ] 그 밖의 관계( )		⑫ 소계 원	
	⑬ 합계			500,000,000 원	
⑭ 조달자금 지급방식		총 거래금액		500,000,000 원	
		⑮ 계좌이체 금액		500,000,000 원	
		⑯ 보증금·대출 승계 금액		원	
		⑰ 현금 및 그 밖의 지급방식 금액		원	
		지급 사유 ( )			

> **3 작성방법** B씨는 아래 순서로 자금조달계획서를 작성합니다.

자금조달계획부분의 자기자금
- ②번 금융기관 예금액 항목에 3억원
- ④번 증여·상속 항목에 2억원

자금조달 합계
- ⑬번 합계 항목에 5억원

조달자금지급방식
- 총거래대금 항목에 5억원
- ⑮번 계좌이체금액 항목에 5억원

» B씨의 자금조달계획서

주택취득자금 조달 및 입주계획서

① 자금 조달계획	자기 자금	② 금융기관 예금액	300,000,000 원	③ 주식·채권 매각대금	원
		④ 증여·상속	200,000,000 원	⑤ 현금 등 그 밖의 자금	원
		[○]부부 [ ]직계존비속(관계:) [ ] 그 밖의 관계( )		[ ] 보유 현금 [ ]그 밖의 자산(종류:)	
		⑥ 부동산 처분대금 등	원	⑦ 소계	500,000,000 원
	차입금 등	⑧ 금융기관 대출액 합계	주택담보대출		원
			신용대출		원
			그 밖의 대출		원
			원	(대출 종류:)	
		기존 주택 보유 여부 (주택담보대출이 있는 경우만 기재) [ ] 미보유 [ ] 보유 (건)			
		⑨ 임대보증금	원	⑩ 회사지원금·사채	원
		⑪ 그 밖의 차입금	원	⑫ 소계	
		[ ] 부부 [ ] 직계존비속(관계:) [ ] 그 밖의 관계( )			원
	⑬ 합계				500,000,000 원
⑭ 조달자금 지급방식		총 거래금액			500,000,000 원
		⑮ 계좌이체 금액			500,000,000 원
		⑯ 보증금·대출 승계 금액			원
		⑰ 현금 및 그 밖의 지급방식 금액			원
		지급 사유 ( )			

4 제출증빙 A씨
"예금을 기재한 경우, 예금잔액증명서 준비"

구분	금액	증빙
예금	5억원	예금잔액증명서
합계	5억원	

4 제출증빙 B씨
"증여를 받을건데 나중에 증여받는 경우에는 미제출사유서 준비"

구분	금액	증빙
예금	3억원	예금잔액증명서
증여	2억원	증여세신고서 (미제출사유서)
합계	5억원	

≫ B씨의 미제출사유서

자조서 기재항목		증빙자료	제출여부	미제출사유
자기 자금	금융기관 예금액	예금잔액증명서	○	제출완료
		기 타		
	주식·채권 매각 대금	주식거래내역서		-
		예금잔액증명서		
		기 타		
	증여·상속	증여·상속세 신고서	X	- 잔금일 전 증여 예정
		납세증명서	X	
		기 타	X	
	현금 등 그 밖의 자금	소득금액증명원		-
		근로소득원천징수영수증		
		기 타		
	부동산 처분대금 등	부동산 매매계약서		-
		부동산 임대차계약서		
		기 타		
차입금	금융기관 대출액	금융거래확인서		-
		부채증명서		
		금융기관 대출신청서		
		기 타		
	임대보증금	부동산임대차계약서		-
	회사지원금·사채	금전을 빌린 사실과 그 금액을 확인할 수 있는 서류		-
	그 밖의 차입금	금전을 빌린 사실과 그 금액을 확인할 수 있는 서류		

5 Check point
> "잔금일 전에 혼인신고가 완료될 수 있다면, 배우자증여로 체크 가능"

Q 아직 혼인신고 전인데 배우자증여를 기재해도 되나요?

답변 네.
실거래신고시점에서는 혼인신고 전의 상태이지만, 잔금일 전에 혼인신고 완료하고, 배우자증여로 증여세신고하면 됩니다.

☑ **주의**
혼인신고가 되지 않은 상태에서, 증여세신고를 하는 경우에는 배우자 증여재산공제 금액 6억원을 사용할 수 없습니다.
혼인신고 전이면 아직 남남인 상태이기에 증여금액 그대로를 기준으로 세금이 과세될 수 있습니다.

혼인신고 전 계약

사정상 혼인신고는
한참 후에 할 수 있어요.

1 기본상황 "서울에 10억원 아파트를 구입하려 해요"

» 40대 A씨와 B씨는 10억원의 아파트를 구입하려 합니다.

구분	금액
계약금	5천만원
중도금	1억5천만원
잔금	8억원
합계	10억원

» A씨와 B씨는 직장생활을 한지는 10년이 되었습니다.
» 조만간 결혼 할 예정이지만, 혼인신고는 사정상 미루려 합니다.
» 지금까지 모은 자금은 A씨 예금 7억원, B씨 예금 3억원 입니다.
» 하지만 어떻게든 이번에 5:5 공동명의로 하려합니다.

2 자금 출처 "잔금일 전에 혼인신고를 못해요."

» 퇴직금 중간정산을 받아 5:5 지분비율을 맞추려고 하니 너무 아깝다는 생각이 들었습니다.
» 그래서 부족분은 예비배우자에게 빌리기로 했습니다.

구분	금액	자금출처	비고
예금	5억원	근로소득	본인 A
예금	3억원	근로소득	예비배우자 B
차입금	2억원	예비배우자 차입금	
합계	10억원		

3 작성방법 A씨는 아래 순서로 자금조달계획서를 작성합니다.

자금조달계획부분의 자기자금
· 번 금융기관 예금액 항목에 5억원

자금조달 합계
· ⑬번 합계 항목에 5억원

조달자금지급방식
· 총거래대금 항목에 5억원
· 번 계좌이체금액 항목에 5억원

» A씨의 자금조달계획서

주택취득자금 조달 및 입주계획서

<table>
<tr><td rowspan="8">① 자금
조달계획</td><td rowspan="3">자기
자금</td><td colspan="2">② 금융기관 예금액
500,000,000 원</td><td colspan="2">③ 주식·채권 매각대금
원</td></tr>
<tr><td colspan="2">④ 증여·상속
원
[ ]부부 [ ]직계존비속(관계:)
[ ] 그 밖의 관계( )</td><td colspan="2">⑤ 현금 등 그 밖의 자금
원
[ ] 보유 현금
[ ]그 밖의 자산(종류:)</td></tr>
<tr><td colspan="2">⑥ 부동산 처분대금 등
원</td><td colspan="2">⑦ 소계
500,000,000 원</td></tr>
<tr><td rowspan="5">차입금 등</td><td rowspan="2">⑧ 금융기관 대출액 합계

원</td><td>주택담보대출</td><td colspan="2">원</td></tr>
<tr><td>신용대출</td><td colspan="2">원</td></tr>
<tr><td colspan="4">그 밖의 대출
원 (대출 종류:)
기존 주택 보유 여부 (주택담보대출이 있는 경우만 기재)
[ ] 미보유 [ ] 보유 (건)</td></tr>
<tr><td colspan="2">⑨ 임대보증금
원</td><td colspan="2">⑩ 회사지원금·사채
원</td></tr>
<tr><td colspan="2">⑪ 그 밖의 차입금
원
[ ] 부부 [ ] 직계존비속(관계:)
[ ] 그 밖의 관계( )</td><td colspan="2">⑫ 소계

원</td></tr>
<tr><td colspan="4">⑬ 합계</td><td>500,000,000 원</td></tr>
<tr><td rowspan="5">⑭ 조달자금
지급방식</td><td colspan="3">총 거래금액</td><td>500,000,000 원</td></tr>
<tr><td colspan="3">⑮ 계좌이체 금액</td><td>500,000,000 원</td></tr>
<tr><td colspan="3">⑯ 보증금·대출 승계 금액</td><td>원</td></tr>
<tr><td colspan="3">⑰ 현금 및 그 밖의 지급방식 금액</td><td>원</td></tr>
<tr><td colspan="4">지급 사유 ( )</td></tr>
</table>

| 3 작성방법 | B씨는 아래 순서로 자금조달계획서를 작성합니다. |

자금조달계획부분의 자기자금
· ②번 금융기관 예금액 항목에 3억원

자금조달계획부분의 차입금
· ⑪번 그 밖의 차입금 항목에 2억원

자금조달 합계
· ⑬번 합계 항목에 5억원

조달자금지급방식
· 총거래대금 항목에 5억원
· ⑮번 계좌이체금액 항목에 5억원

» B씨의 자금조달계획서

주택취득자금 조달 및 입주계획서

① 자금 조달계획	자기 자금	② 금융기관 예금액 300,000,000 원		③ 주식·채권 매각대금 원	
		④ 증여·상속 원 [ ]부부 [ ]직계존비속(관계:) [ ] 그 밖의 관계( )		⑤ 현금 등 그 밖의 자금 원 [ ] 보유 현금 [ ]그 밖의 자산(종류:)	
		⑥ 부동산 처분대금 등 원		⑦ 소계 300,000,000 원	
	차입금 등	⑧ 금융기관 대출액 합계 원	주택담보대출		원
			신용대출		원
			그 밖의 대출 (대출 종류:)		원
		기존 주택 보유 여부 (주택담보대출이 있는 경우만 기재) [ ] 미보유 [ ] 보유 (건)			
		⑨ 임대보증금 원		⑩ 회사지원금·사채 원	
		⑪ 그 밖의 차입금 200,000,000 원 [ ] 부부 [ ] 직계존비속(관계:) [○] 그 밖의 관계(기타)		⑫ 소계 200,000,000 원	
	⑬ 합계			500,000,000 원	
⑭ 조달자금 지급방식		총 거래금액		500,000,000 원	
		⑮ 계좌이체 금액		500,000,000 원	
		⑯ 보증금·대출 승계 금액		원	
		⑰ 현금 및 그 밖의 지급방식 금액		원	
		지급 사유 ( )			

4 제출증빙 A씨 "예금을 기재한 경우, 예금잔액증명서 준비"

구분	금액	증빙
예금	5억원	예금잔액증명서
합계	5억원	

4 제출증빙 B씨 "예비배우자에게 빌릴 경우 차입계약서 준비"

구분	금액	증빙
예금	3억원	예금잔액증명서
예비배우자 차입	2억원	차입계약서
합계	5억원	

》 B씨의 미제출사유서

자조서 기재항목		증빙자료	제출여부	미제출사유
자기자금	금융기관 예금액	예금잔액증명서	○	제출완료
		기 타		
	주식·채권 매각 대금	주식거래내역서		-
		예금잔액증명서		
		기 타		
	증여·상속	증여·상속세 신고서		-
		납세증명서		
		기 타		
	현금 등 그 밖의 자금	소득금액증명원		-
		근로소득원천징수영수증		
		기 타		
	부동산 처분대금 등	부동산 매매계약서		-
		부동산 임대차계약서		
		기 타		
차입금	금융기관 대출액	금융거래확인서		-
		부채증명서		
		금융기관 대출신청서		
		기 타		
	임대보증금	부동산임대차계약서		-
	회사지원금·사채	금전을 빌린 사실과 그 금액을 확인할 수 있는 서류		-
	그 밖의 차입금	금전을 빌린 사실과 그 금액을 확인할 수 있는 서류	X	- 잔금일 전 차입 예정

5 Check point "잔금일 전에 혼인신고할 수 없어, 차입하기로 결정"

Q 혼인신고만 안했지, 결혼식도 하고 같이 잘 살고 있으면, 배우자증여를 할 수 있지 않나요?

답변 아닙니다.
실제 결혼생활을 하고 있어도, 혼인신고가 안되어 법적배우자가 아닌 경우에는 배우자 증여재산공제를 사용할 수 없습니다.

☑ **주의**
혼인신고가 되지 않아 배우자증여를 할 수 없는 경우에는 먼저 배우자에게 빌리고, 혼인신고를 하고 난 후 증여로 돌릴 수는 있습니다.(차입금을 면제해주는 증여)
이 경우에도 차입금에 대해서 실질적인 증빙을 갖추어놓아야 하는 점은 유의하셔야 합니다. 최초 차입금에 대해 차입증빙을 제시하지 못한다면 증여세가 과세될 수 있음에 유의해야 합니다.

전세보증금 지분

공동명의 전세로
살고 있었어요

| 1 기본상황 | "서울에 10억원 아파트를 구입하려 해요" |

» 40대 A씨는 10억원의 아파트를 구입하려 합니다.

구분	금액
계약금	5천만원
중도금	1억5천만원
잔금	8억원
합계	10억원

» A씨와 배우자 B씨는 직장생활을 한지는 10년이 되었습니다.
» 지금 공동명의로 된 전세계약이 끝나면서 A씨 명의로 아파트를 구입하려 합니다.
» 기존 전세금은 6억원입니다(A씨와 B씨가 각각 3억원씩 부담)

2 자금 출처
"공동명의로 된 전세보증금을 반환받아 단독명의로 구입하려 해요"

» 기존 전세보증금을 반환받아 아파트 구입 잔금을 치를 예정입니다.
» 구입대금에서 모자라는 부분은 배우자에게 증여를 받습니다.

구분	금액	자금출처	비고
예금	2억원	근로소득	본인 A
부동산처분대금	3억원	전세보증금	
증여	3억원	전세보증금	배우자 B
증여	2억원	근로소득	
합계	10억원		

3 작성방법
아래 순서로 자금조달계획서를 작성합니다.

자금조달계획부분의 자기자금
· ②번 금융기관 예금액 항목에 2억원
· ④번 증여·상속 항목에 5억원(관계에서는 부부란에 체크)
· ⑥번 부동산처분대금 항목에 3억원

자금조달 합계
· ⑬번 합계 항목에 10억원

조달자금지급방식
· 총거래대금 항목에 10억원
· ⑮번 계좌이체금액 항목에 10억원

주택취득자금 조달 및 입주계획서

① 자금 조달계획	자기 자금	② 금융기관 예금액 200,000,000 원		③ 주식·채권 매각대금 원	
		④ 증여·상속 500,000,000 원		⑤ 현금 등 그 밖의 자금 원	
		[○]부부 [ ]직계존비속(관계:) [ ] 그 밖의 관계( )		[ ] 보유 현금 [ ]그 밖의 자산(종류:)	
		⑥ 부동산 처분대금 등 300,000,000 원		⑦ 소계 1,000,000,000 원	
	차입금 등	⑧ 금융기관 대출액 합계 원	주택담보대출		원
			신용대출		원
			그 밖의 대출		원
			(대출 종류:)		
		기존 주택 보유 여부 (주택담보대출이 있는 경우만 기재) [ ] 미보유 [ ] 보유 (건)			
		⑨ 임대보증금 원		⑩ 회사지원금·사채 원	
		⑪ 그 밖의 차입금 원		⑫ 소계	
		[ ] 부부 [ ] 직계존비속(관계:) [ ] 그 밖의 관계( )		원	
	⑬ 합계			1,000,000,000 원	
⑭ 조달자금 지급방식		총 거래금액		1,000,000,000 원	
		⑮ 계좌이체 금액		1,000,000,000 원	
		⑯ 보증금·대출 승계 금액		원	
		⑰ 현금 및 그 밖의 지급방식 금액		원	
		지급 사유 (		)	

| 4 제출증빙 | "전세보증금을 반환받는 경우에는 부동산처분대금에 기입하고, 전세계약서 준비" |

구분	금액	증빙
예금	2억원	예금잔액증명서
증여	5억원	증여세신고서
전세보증금	3억원	전세계약서
합계	10억원	

| 5 Check point | "공동전세계약에서 보증금 반환금액은 한명이 아니라, 각각의 자금출처" |

Q 전세계약을 할 때 공동으로 계약했지만, 구입하는 사람의 단독 자금으로 적어도 될까요?

A 답변 아닙니다.
공동으로 전세계약을 하고, 각각 그 보증금을 이체한 경우에는
그 보증금 반환금액도 각각에게 귀속됩니다.

 주의
다른 이유없이 공동 전세보증금을 한 명의 구입자금으로 기입한 경우에는 다른 사람의 지분에 해당하는 금액에 대해 증여로 볼 가능성이 있습니다.

전세보증금 지분

단독명의 전세인데, 공동자금이에요.

| 1 기본상황 | "서울에 10억원 아파트를 구입하려 해요" |

» 40대 A씨는 10억원의 아파트를 구입하려 합니다.

구분	금액
계약금	5천만원
중도금	1억5천만원
잔금	8억원
합계	10억원

» A씨와 배우자 B씨는 직장생활을 한지는 10년이 되었습니다.
» 부부는 A씨 명의로 전세를 살고 있습니다.
» 기존 전세 자금은 6억원입니다(A씨와 B씨가 각각 3억원씩 부담)

2 자금 출처 "전세보증금을 반환받아 단독명의로 구입하려해요"

» 기존 전세보증금을 반환받아 아파트 구입 잔금을 치를 예정입니다.
» 구입대금에서 모자라는 부분은 배우자에게 증여를 받습니다.

구분	금액	자금출처	비고
예금	2억원	근로소득	본인 A
전세보증금	6억원	공동 근로소득	
증여	2억원	배우자증여	배우자 B
합계	10억원		

3 작성방법 아래 순서로 자금조달계획서를 작성합니다.

자금조달계획부분의 자기자금
· ②번 금융기관 예금액 항목에 2억원
· ④번 증여·상속 항목에 2억원(관계에서는 부부란에 체크)
· ⑥번 부동산처분대금 항목에 6억원

자금조달 합계
· ⑬번 합계 항목에 10억원

조달자금지급방식
· 총거래대금 항목에 10억원
· ⑮번 계좌이체금액 항목에 10억원

주택취득자금 조달 및 입주계획서

① 자금 조달계획	자기 자금	② 금융기관 예금액 200,000,000 원		③ 주식·채권 매각대금	원
		④ 증여·상속 200,000,000 원		⑤ 현금 등 그 밖의 자금	원
		[○]부부 [ ]직계존비속(관계:) [ ] 그 밖의 관계( )		[ ] 보유 현금 [ ]그 밖의 자산(종류:)	
		⑥ 부동산 처분대금 등 600,000,000 원		⑦ 소계 1,000,000,000 원	
	차입금 등	⑧ 금융기관 대출액 합계 원	주택담보대출		원
			신용대출		원
			그 밖의 대출 (대출 종류:)		원
		기존 주택 보유 여부 (주택담보대출이 있는 경우만 기재) [ ] 미보유 [ ] 보유 (건)			
		⑨ 임대보증금 원		⑩ 회사지원금·사채	원
		⑪ 그 밖의 차입금 원		⑫ 소계	
		[ ] 부부 [ ] 직계존비속(관계:) [ ] 그 밖의 관계( )			원
	⑬ 합계			1,000,000,000 원	
⑭ 조달자금 지급방식		총 거래금액		1,000,000,000 원	
		⑮ 계좌이체 금액		1,000,000,000 원	
		⑯ 보증금·대출 승계 금액		원	
		⑰ 현금 및 그 밖의 지급방식 금액		원	
		지급 사유 ( )			

| 4 제출증빙 | "전세보증금을 반환받는 경우에는 부동산처분대금에 기입하고 전세계약서 준비" |

구분	금액	증빙
예금	2억원	예금잔액증명서
증여	2억원	증여세신고서
전세보증금	6억원	전세계약서
합계	10억원	

| 5 Check point | "단독명의 전세계약이라도 당시 전세보증금의 실질 부담자가 누구인지 파악해야 함" |

 단독명의 전세계약이면, 그 명의자의 구입자금으로 기재해도 될까요?

A 답변 네.
단독명의 전세계약인 경우 전세보증금 반환금액은 명의자의 자금출처가 될 수 있습니다.

☑ **주의**
하지만 실제 그 전세보증금의 자금이 누구의 자금인지 살펴봐야 할 수 있습니다. 그 당시 배우자의 자금도 포함되어 있다면, 보증금반환금액 중 그 부분은 배우자의 자금출처가 됩니다. 이를 본인의 자금출처로 기재한다면, 배우자 증여 등으로 볼 수 있음에 유의해야 합니다.

다른 투자 같은 대박

남편은 부동산 투자를, 와이프는 주식투자를 잘 했어요.

> **1 기본상황**   "서울에 10억원 아파트를 구입하려 해요"

》 40대 A씨와 B씨는 10억원의 아파트를 구입하려 합니다.

구분	금액
계약금	5천만원
중도금	1억5천만원
잔금	8억원
합계	10억원

》 A씨와 B씨는 직장생활을 한지는 10년이 되었습니다.
》 A씨는 부동산에 관심이 많아 좋은 물건을 알아보고 투자를 했고,
》 B씨는 주위에서 들은 정보로 주식투자를 했습니다.

| 2 자금 출처 | **"각각의 투자자산을 처분합니다"** |

» 모아놓은 예금이 많지는 않지만,
» 부동산 처분금액, 주식처분금액으로 주택을 구입할 수 있습니다.

구분	금액	자금출처	비고
예금	0.5억원	근로소득	본인 A
부동산	4.5억원	부동산처분대금	
예금	0.5억원	근로소득	배우자 B
주식	4.5억원	주식매각대금	
합계	10억원		

| 3 작성방법 | **A씨는 아래 순서로 자금조달계획서를 작성합니다.** |

자금조달계획부분의 자기자금
· ②번 금융기관 예금액 항목에 0.5억원
· ⑥ 부동산 처분대금 항목에 4.5억원

자금조달 합계
· ⑬번 합계 항목에 5억원

조달자금지급방식
· 총거래대금 항목에 5억원
· ⑮번 계좌이체금액 항목에 5억원

» A씨의 자금조달계획서

주택취득자금 조달 및 입주계획서

① 자금 조달계획	자기 자금	② 금융기관 예금액 50,000,000 원		③ 주식·채권 매각대금 원	
		④ 증여·상속 원		⑤ 현금 등 그 밖의 자금 원	
		[ ]부부 [ ]직계존비속(관계:) [ ] 그 밖의 관계( )		[ ] 보유 현금 [ ]그 밖의 자산(종류:)	
		⑥ 부동산 처분대금 등 450,000,000 원		⑦ 소계 500,000,000 원	
	차입금 등	⑧ 금융기관 대출액 합계 원	주택담보대출		원
				신용대출		원
				그 밖의 대출		원 (대출 종류:)
		기존 주택 보유 여부 (주택담보대출이 있는 경우만 기재) [ ] 미보유 [ ] 보유 (건)			
		⑨ 임대보증금 원		⑩ 회사지원금·사채 원	
		⑪ 그 밖의 차입금 원		⑫ 소계	
		[ ] 부부 [ ] 직계존비속(관계:) [ ] 그 밖의 관계( )		원	
⑬ 합계				500,000,000 원	
⑭ 조달자금 지급방식		총 거래금액			500,000,000 원
		⑮ 계좌이체 금액			500,000,000 원
		⑯ 보증금·대출 승계 금액			원
		⑰ 현금 및 그 밖의 지급방식 금액			원
		지급 사유 (			)

3 작성방법 B씨는 아래 순서로 자금조달계획서를 작성합니다.

자금조달계획부분의 자기자금
- ②번 금융기관 예금액 항목에 0.5억원
- ③ 주식·채권 매각대금 항목에 4.5억원

자금조달 합계
- ⑬번 합계 항목에 5억원

조달자금지급방식
- 총거래대금 항목에 5억원
- ⑮번 계좌이체금액 항목에 5억원

» B씨의 자금조달계획서

주택취득자금 조달 및 입주계획서

① 자금 조달계획	자기 자금	② 금융기관 예금액 50,000,000 원		③ 주식·채권 매각대금 450,000,000 원	
		④ 증여·상속 원 [ ]부부 [ ]직계존비속(관계:) [ ] 그 밖의 관계( )		⑤ 현금 등 그 밖의 자금 원 [ ] 보유 현금 [ ]그 밖의 자산(종류:)	
		⑥ 부동산 처분대금 등 원		⑦ 소계 500,000,000 원	
	차입금 등	⑧ 금융기관 대출액 합계 원	주택담보대출		원
			신용대출		원
			그 밖의 대출	(대출 종류:)	원
		기존 주택 보유 여부 (주택담보대출이 있는 경우만 기재) [ ] 미보유 [ ] 보유 (건)			
		⑨ 임대보증금 원		⑩ 회사지원금·사채 원	
		⑪ 그 밖의 차입금 원 [ ] 부부 [ ] 직계존비속(관계:) [ ] 그 밖의 관계( )		⑫ 소계 원	
	⑬ 합계			500,000,000 원	
⑭ 조달자금 지급방식		총 거래금액		500,000,000 원	
		⑮ 계좌이체 금액		500,000,000 원	
		⑯ 보증금·대출 승계 금액		원	
		⑰ 현금 및 그 밖의 지급방식 금액		원	
		지급 사유 ( )			

4 제출증빙 — A씨
"부동산매매대금을 기재한 경우, 매매계약서 준비"

구분	금액	증빙
예금	0.5억원	예금잔액증명서
부동산	4.5억원	부동산 매매계약서
합계	5억원	

4 제출증빙 — B씨
"주식매각대금을 기재한 경우, 주식거래내역서 준비"

구분	금액	증빙
예금	0.5억원	예금잔액증명서
주식	4.5억원	주식거래내역서
합계	5억원	

5 Check point "부부는 한몸이지만, 자금은 각자 관리"

Q 부부는 한몸이라는데, 서로의 자금을 섞어써도 되죠?

A 답변 배우자 증여재산공제 6억원이 있어서, 이 범위 안의 금액이라면 증여세 과세위험이 낮아 자금을 공동으로 사용해도 됩니다.

☑ **주의**
6억원이 넘어가는 금액에 대해서는 아무리 부부라도 증여세 과세위험이 높아질 수 있습니다. 각자의 자금은 본인이 직접 관리하는 것이 자금출처관리 측면에서 좋을 수 있습니다.

> 부모님, 장모님에게
> 빌리거나 증여받는 경우

Part 03

부모님 없인 못산다

1. 부모님께 빌리기로 했어요.
2. 부모님께 빌리기로 했어요. 나중에요
3. 아버지가 도와주신대요.
4. 아버지와 어머니가 도와주신대요.
5. 장모님이 도와주신대요.
6. 배우자에게 증여받았어요.
7. 기존 집 살 때 부모님께 증여를 받았어요.
8. 기존 집을 살 때 부모님께 빌렸어요.
9. 저는 아버지에게 빌리고, 와이프는 장모님에게 증여 받아요
10. 부모님이 대신 대출을 받았어요.

증여세를 아끼려고 차입해서 갚기로 했어요.

부모님께 빌리기로 했어요.

> **1 기본상황** "서울에 10억원 아파트를 구입하려 해요"

» 40대 A씨는 10억원의 아파트를 구입하려 합니다.

구분	금액
계약금	5천만원
중도금	1억5천만원
잔금	8억원
합계	10억원

» 직장생활을 한지는 10년이 되었습니다.
» 연봉이 많지는 않지만 꾸준히 저축을 했습니다.
» 중간에 주식투자를 하며 이익도 제법 났습니다.

2 자금 출처 "증여세가 아까워서 부모님께 빌리기로 했어요"

» 그동안 저축한 자금과 주식투자 수익금액이 있지만, 집을 구입하기에는 부족합니다.
» 증여를 받자니 증여세가 부담되서 부모님께 빌리기로 하였습니다.

구분	금액	자금출처	비고
예금	2억원	근로소득	저축
주식	3억원	근로소득	투자금액 1억원
차입	5억원	차입금	부모님 차입
합계	10억원		

3 작성방법
아래 순서로 자금조달계획서를 작성합니다.

자금조달계획부분의 자기자금
· ②번 금융기관 예금액 항목에 2억원
· ③번 주식매각대금 항목에 3억원

자금조달계획부분의 차입금
· ⑪번 그 밖의 차입금 항목에 5억원(관계란에 직계존비속 체크)

자금조달 합계
· ⑬번 합계 항목에 10억원

조달자금지급방식
· 총거래대금 항목에 10억원
· ⑮번 계좌이체금액 항목에 10억원

주택취득자금 조달 및 입주계획서

① 자금 조달계획	자기 자금	② 금융기관 예금액 200,000,000 원		③ 주식·채권 매각대금 300,000,000 원	
		④ 증여·상속 원 [ ]부부 [ ]직계존비속(관계:) [ ] 그 밖의 관계( )		⑤ 현금 등 그 밖의 자금 원 [ ] 보유 현금 [ ]그 밖의 자산(종류:)	
		⑥ 부동산 처분대금 등 원		⑦ 소계 500,000,000 원	
	차입금 등	⑧ 금융기관 대출액 합계 원	주택담보대출		원
			신용대출		원
			그 밖의 대출 (대출 종류:)		원
		기존 주택 보유 여부 (주택담보대출이 있는 경우만 기재) [ ] 미보유 [ ] 보유 (건)			
		⑨ 임대보증금 원		⑩ 회사지원금·사채 원	
		⑪ 그 밖의 차입금 500,000,000 원 [ ] 부부 [○] 직계존비속(관계:父) [ ] 그 밖의 관계( )		⑫ 소계 500,000,000 원	
	⑬ 합계			1,000,000,000 원	
⑭ 조달자금 지급방식		총 거래금액		1,000,000,000 원	
		⑮ 계좌이체 금액		1,000,000,000 원	
		⑯ 보증금·대출 승계 금액		원	
		⑰ 현금 및 그 밖의 지급방식 금액		원	
		지급 사유 (		)	

| 4 제출증빙 | "부모님께 빌리는 경우 차입계약서 준비" |

구분	금액	증빙
예금	2억원	예금잔액증명서
주식	3억원	주식거래내역서
차입금	5억원	차입계약서
합계	10억원	

| 5 Check point | "가족 간의 금전차입거래는 더욱 확실한 차입증빙 구비 필요" |

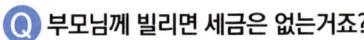 부모님께 빌리면 세금은 없는거죠?

 답변 네. 부모님께 빌리는 것이 맞다면 증여세는 발생하지 않습니다.

☑ 주의
가족 간에 큰 자금이 오가는 경우, 과세관청은 빌려주는 것 보다는 증여라는 행위에 초점을 두고 있습니다.
그렇기에 가족 간의 차입행위에 대해서는 금융거래 내역 등 객관적인 외부증빙을 통해 입증자료를 준비해야 증여세 발생위험이 낮아질수 있습니다.

증여세를 아끼려고 차입해서 갚기로 했어요.

부모님께 빌리기로 했어요.
나중에요

1 기본상황 — "서울에 10억원 아파트를 구입하려 해요"

» 40대 A씨는 10억원의 아파트를 구입하려 합니다.

구분	금액
계약금	5천만원
중도금	1억5천만원
잔금	8억원
합계	10억원

» 직장생활을 한지는 10년이 되었습니다.
» 연봉이 많지는 않지만 꾸준히 저축을 했습니다.
» 중간에 주식투자를 하며 이익도 제법 났습니다.

> **2 자금 출처** "빌리는 금액이 커서, 나중에 잔금일에 맞춰 받으려고 해요"

» 그동안 저축한 자금과 주식투자 이익금액이 있지만, 집을 구입하기에는 부족합니다.
» 증여를 받자니 증여세가 부담되서 부모님께 빌리기로 하였습니다.
» 빌리는 금액이 커서 미리 받으면 부담스러워 잔금일에 맞춰 받으려 합니다.

구분	금액	자금출처	비고
예금	2억원	근로소득	저축
주식	3억원	근로소득	투자금액 1억원
차입	5억원	차입금	부모님 차입
합계	10억원		

> **3 작성방법** 아래 순서로 자금조달계획서를 작성합니다.

자금조달계획부분의 자기자금
- ②번 금융기관 예금액 항목에 2억원
- ③번 주식매각대금 항목에 3억원

자금조달계획부분의 차입금
- ⑪번 그 밖의 차입금 항목에 5억원(관계란에 직계존비속 체크)

자금조달 합계
- ⑬번 합계 항목에 10억원

조달자금지급방식
- 총거래대금 항목에 10억원
- ⑮번 계좌이체금액 항목에 10억원

주택취득자금 조달 및 입주계획서

① 자금 조달계획	자기 자금	② 금융기관 예금액 200,000,000 원		③ 주식·채권 매각대금 300,000,000 원	
		④ 증여·상속 원 [ ]부부 [ ]직계존비속(관계:) [ ] 그 밖의 관계( )		⑤ 현금 등 그 밖의 자금 원 [ ] 보유 현금 [ ]그 밖의 자산(종류:)	
		⑥ 부동산 처분대금 등 원		⑦ 소계 500,000,000 원	
	차입금 등	⑧ 금융기관 대출액 합계 원	주택담보대출		원
			신용대출		원
			그 밖의 대출 (대출 종류:)		원
		기존 주택 보유 여부 (주택담보대출이 있는 경우만 기재) [ ] 미보유 [ ] 보유 (건)			
		⑨ 임대보증금 500,000,000 원		⑩ 회사지원금·사채 원	
		⑪ 그 밖의 차입금 500,000,000 원 [ ] 부부 [○] 직계존비속(관계:父) [ ] 그 밖의 관계( )		⑫ 소계 500,000,000 원	
	⑬ 합계			1,000,000,000 원	
⑭ 조달자금 지급방식		총 거래금액		1,000,000,000 원	
		⑮ 계좌이체 금액		1,000,000,000 원	
		⑯ 보증금·대출 승계 금액		원	
		⑰ 현금 및 그 밖의 지급방식 금액		원	
		지급 사유 ( )			

4 제출증빙 "계약일에 아직 차입행위가 이루어지지 않은 경우에는 미제출사유서 준비"

구분	금액	증빙
예금	2억원	예금잔액증명서
주식	3억원	주식거래내역서
차입금	5억원	차입계약서 (미제출사유서)
합계	10억원	

》 A씨의 미제출사유서

자조서 기재항목		증빙자료	제출여부	미제출사유
자기자금	금융기관 예금액	예금잔액증명서	○	제출완료
		기 타		
	주식·채권 매각 대금	주식거래내역서	○	제출완료
		예금잔액증명서		
		기 타		
	증여·상속	증여·상속세 신고서		-
		납세증명서		
		기 타		
	현금 등 그 밖의 자금	소득금액증명원		-
		근로소득원천징수영수증		
		기 타		
	부동산 처분대금 등	부동산 매매계약서		-
		부동산 임대차계약서		
		기 타		
차입금	금융기관 대출액	금융거래확인서		-
		부채증명서		
		금융기관 대출신청서		
		기 타		
	임대보증금	부동산임대차계약서		-
	회사지원금·사채	금전을 빌린 사실과 그 금액을 확인할 수 있는 서류		-
	그 밖의 차입금	금전을 빌린 사실과 그 금액을 확인할 수 있는 서류	X	- 잔금일에 맞춰 차입 예정

> **5 Check point** "가족 간의 차입거래는 지속적인 사후관리 대상"

Q 차입을 아직 하지 않아 미제출사유서를 냈습니다. 다행히 잘 넘어간거 같아요. 그럼 차입계약서는 굳이 안써도 되나요?

A 답변 지금 당장은 문제가 발생하지 않을 수 있지만 국세청에서 사후관리하는 항목 중 하나이며 앞으로는 더욱 더 꼼꼼히 사후관리를 할 예정입니다.

☑ **주의**
당장의 자금조달계획서 제출 과정에서는 별다른 자료 제출요청 등이 없더라도, 과세관청이 사후검증과정에서 차입계약서 및 이자지급자료를 요청할 수 있습니다. 따라서 관련 증빙서류 및 이체증빙 등은 차입근거로 잘 남겨놓는 것이 좋습니다.
한편, 차입금은 상속재산과도 연관되어 있으니 지속적으로 관리가 필요합니다.

골치아픈거 싫어서 증여세 내기로 했어요

아버지가 도와주신대요.

| 1 기본상황 | "서울에 10억원 아파트를 구입하려 해요" |

» 40대 A씨는 10억원의 아파트를 구입하려 합니다.

구분	금액
계약금	5천만원
중도금	1억5천만원
잔금	8억원
합계	10억원

» 직장생활을 한지는 10년이 되었습니다.
» 연봉이 많지는 않지만 꾸준히 저축을 했습니다.
» 중간에 주식투자를 하며 이익도 제법 났습니다.

2 자금 출처 "차입금관리가 어려워 아버지에게 증여받기로 했어요"

» 그동안 저축한 자금과 주식투자 이익금액이 있지만, 집을 구입하기에는 부족합니다.
» 아버님께 빌리면 몇 년이고 사후조사대상이 될 수 있다고 들었습니다.
» 골치 아픈게 싫어 지금 증여세를 부담하더라도 증여받기로 했어요.

구분	금액	자금출처	비고
예금	2억원	근로소득	저축
주식	3억원	근로소득	투자금액 1억원
증여	5억원	증여	아버지 증여
합계	10억원		

3 작성방법 아래 순서로 자금조달계획서를 작성합니다.

자금조달계획부분의 자기자금
· ②번 금융기관 예금액 항목에 2억원
· ③번 주식매각대금 항목에 3억원
· ④번 증여상속 항목에 5억원(관계란에 직계존비속 체크)

자금조달 합계
· ⑬번 합계 항목에 10억원

조달자금지급방식
· 총거래대금 항목에 10억원
· ⑮번 계좌이체금액 항목에 10억원

주택취득자금 조달 및 입주계획서

① 자금 조달계획	자기 자금	② 금융기관 예금액 200,000,000 원		③ 주식·채권 매각대금 300,000,000 원	
		④ 증여·상속 500,000,000 원		⑤ 현금 등 그 밖의 자금 원	
		[ ]부부 [○] 직계존비속(관계:父) [ ] 그 밖의 관계( )		[ ] 보유 현금 [ ]그 밖의 자산(종류:)	
		⑥ 부동산 처분대금 등 원		⑦ 소계 1,000,000,000 원	
	차입금 등	⑧ 금융기관 대출액 합계	주택담보대출		원
			신용대출		원
			그 밖의 대출		원
			원	(대출 종류:)	
		기존 주택 보유 여부 (주택담보대출이 있는 경우만 기재) [ ] 미보유 [ ] 보유 (건)			
		⑨ 임대보증금 원		⑩ 회사지원금·사채 원	
		⑪ 그 밖의 차입금 원		⑫ 소계	
		[ ] 부부 [ ] 직계존비속( ) [ ] 그 밖의 관계( )			원
	⑬ 합계			1,000,000,000 원	
⑭ 조달자금 지급방식		총 거래금액		1,000,000,000 원	
		⑮ 계좌이체 금액		1,000,000,000 원	
		⑯ 보증금·대출 승계 금액		원	
		⑰ 현금 및 그 밖의 지급방식 금액		원	
		지급 사유 ( )			

4 제출증빙   "아버지가 도와주시는 경우 증여세신고서 준비"

구분	금액	증빙
예금	2억원	예금잔액증명서
주식	3억원	주식거래내역서
증여	5억원	증여세신고서
합계	10억원	

5 Check point   "증여세는 증여를 받는 사람이 납부"

Q 5억원이 필요한데, 아버지에게 5억원 증여받으면 되겠죠??

A 답변
아닙니다.
5천만원 넘는 증여금액에 대해서는 증여세가 발생합니다.
세금을 고려하여 필요한 금액을 산정해야 합니다.

☑ 주의
아버지에게 5억원을 증여받는 경우, 실제 세후 수령금액은 5억원이 안됩니다.(증여세가 약 8천만원)
증여금액은 납부주체의 자금상황을 고려하여 결정해야 하며, 증여재산에 대한 증여세는 과세당국의 필수적인 사후관리 항목임을 유의해야 합니다.

04
골치아픈거 싫어서 증여세 내기로 했어요

아버지와 어머니가 도와주신대요.

| 1 기본상황 | "서울에 10억원 아파트를 구입하려 해요" |

» 40대 A씨는 10억원의 아파트를 구입하려 합니다.

구분	금액
계약금	5천만원
중도금	1억5천만원
잔금	8억원
합계	10억원

» 직장생활을 한지는 10년이 되었습니다.
» 연봉이 많지는 않지만 꾸준히 저축을 했습니다.
» 중간에 주식투자를 하며 이익도 제법 났습니다.

> **2 자금 출처** "아버지와 어머니 두 분이 각각 도와주신대요."

» 그동안 저축한 자금과 주식투자 이익금액이 있지만, 집을 구입하기에는 부족합니다.
» 부모님께 빌리면 몇 년이고 사후조사대상이 될 수 있다 하여 증여세를 부담하더라도 증여받기로 했어요.
» 두 분 모두 여유가 있어, 아버지와 어머니가 각각 도와주기로 했습니다.

구분	금액	자금출처	비고
예금	2억원	근로소득	저축
주식	3억원	근로소득	투자금액 1억원
증여	5억원	증여	아버지/어머니 각각 2.5억원 증여
합계	10억원		

| 3 작성방법 | 아래 순서로 자금조달계획서를 작성합니다. |

자금조달계획부분의 자기자금
- ②번 금융기관 예금액 항목에 2억원
- ③번 주식매각대금 항목에 3억원
- ④번 증여상속 항목에 5억원(관계란에 직계존비속 체크)

자금조달 합계
- ⑬번 합계 항목에 10억원

조달자금지급방식
- 총거래대금 항목에 10억원
- ⑮번 계좌이체금액 항목에 10억원

주택취득자금 조달 및 입주계획서

① 자금 조달계획	자기 자금	② 금융기관 예금액 200,000,000 원		③ 주식·채권 매각대금 300,000,000 원	
		④ 증여·상속 500,000,000 원		⑤ 현금 등 그 밖의 자금 원	
		[ ]부부 [○] 직계존비속(관계:父, 母) [ ] 그 밖의 관계( )		[ ] 보유 현금 [ ]그 밖의 자산(종류:)	
		⑥ 부동산 처분대금 등 원		⑦ 소계 1,000,000,000 원	
	차입금 등	⑧ 금융기관 대출액 합계 원	주택담보대출		원
			신용대출		원
			그 밖의 대출 (대출 종류:)		원
		기존 주택 보유 여부 (주택담보대출이 있는 경우만 기재) [ ] 미보유 [ ] 보유 (건)			
		⑨ 임대보증금 원		⑩ 회사지원금·사채 원	
		⑪ 그 밖의 차입금 원		⑫ 소계 원	
		[ ] 부부 [ ] 직계존비속( ) [ ] 그 밖의 관계( )			
	⑬ 합계	1,000,000,000 원			
⑭ 조달자금 지급방식		총 거래금액		1,000,000,000 원	
		⑮ 계좌이체 금액		1,000,000,000 원	
		⑯ 보증금·대출 승계 금액		원	
		⑰ 현금 및 그 밖의 지급방식 금액		원	
		지급 사유 ( )			

4 제출증빙
"아버지와 어머니가 도와주시는 경우, 증여세신고서 준비"

구분	금액	증빙
예금	2억원	예금잔액증명서
주식	3억원	주식거래내역서
증여	5억원	증여세신고서
합계	10억원	

5 Check point
"부모님께 따로 받아도 증여재산공제는 5천만원만 적용"

Q 부모님에게 받을 때, 5천만원 증여재산공제가 된다고 들어서요. 부모님께 따로 5천만원씩 받으면 세금이 없죠?

> **A 답변**
> 아닙니다.
> 부모님이라는 직계존속그룹의 증여재산공제는 다 합해서 5천만원입니다.

 주의
증여세 계산에 있어서, 부모님은 "동일인"으로 보아 증여재산을 합산합니다.
따라서 각각 5천만원씩 받아도, "동일인"에게 1억원을 받은 것으로 하여 증여세를 계산합니다.

05
처가에서 도와줘요

장모님이
도와주신대요.

1 기본상황 "서울에 10억원 아파트를 구입하려 해요"

» 40대 A씨는 10억원의 아파트를 구입하려 합니다.

구분	금액
계약금	5천만원
중도금	1억5천만원
잔금	8억원
합계	10억원

» 직장생활을 한지는 10년이 되었습니다.
» 연봉이 많지는 않지만 꾸준히 저축을 했습니다.
» 중간에 주식투자를 하며 이익도 제법 났습니다.

2 자금 출처
"처가쪽이 자금여유가 있어서 증여받기로 했어요"

» 그동안 저축한 자금과 주식투자 수익금액이 있지만, 집을 구입하기에는 부족합니다.
» 처가쪽에 자금여유가 있어 도움을 받기로 했습니다.

구분	금액	자금출처	비고
예금	2억원	근로소득	저축
주식	3억원	근로소득	투자금액 1억원
증여	5억원	증여	장모님 증여
합계	10억원		

3 작성방법
아래 순서로 자금조달계획서를 작성합니다.

자금조달계획부분의 자기자금
· ②번 금융기관 예금액 항목에 2억원
· ③번 주식매각대금 항목에 3억원
· ④번 증여상속 항목에 5억원(관계란에 장모님이라고 체크)

자금조달 합계
· ⑬번 합계 항목에 10억원

조달자금지급방식
· 총거래대금 항목에 10억원
· ⑮번 계좌이체금액 항목에 10억원

주택취득자금 조달 및 입주계획서

① 자금 조달계획	자기 자금	② 금융기관 예금액 200,000,000 원		③ 주식·채권 매각대금 300,000,000 원		
		④ 증여·상속 500,000,000 원		⑤ 현금 등 그 밖의 자금 원		
		[ ] 부부 [ ] 직계존비속(관계:) [O] 그 밖의 관계 (장모님)		[ ] 보유 현금 [ ] 그 밖의 자산(종류:)		
		⑥ 부동산 처분대금 등 원		⑦ 소계 1,000,000,000 원		
	차입금 등	⑧ 금융기관 대출액 합계 원	주택담보대출		원	
			신용대출		원	
			그 밖의 대출 (대출 종류:)		원	
		기존 주택 보유 여부 (주택담보대출이 있는 경우만 기재) [ ] 미보유 [ ] 보유 (건)				
		⑨ 임대보증금 원		⑩ 회사지원금·사채 원		
		⑪ 그 밖의 차입금 원		⑫ 소계 원		
		[ ] 부부 [ ] 직계존비속( ) [ ] 그 밖의 관계( )				
	⑬ 합계			1,000,000,000 원		
⑭ 조달자금 지급방식		총 거래금액		1,000,000,000 원		
		⑮ 계좌이체 금액		1,000,000,000 원		
		⑯ 보증금·대출 승계 금액		원		
		⑰ 현금 및 그 밖의 지급방식 금액		원		
		지급 사유 ( )				

4 제출증빙 "장모님이 도와주시는 경우에도 증여세신고서 준비"

구분	금액	증빙
예금	2억원	예금잔액증명서
주식	3억원	주식거래내역서
증여	5억원	증여세신고서
합계	10억원	

5 Check point "장모님은 나의 직계존속에 해당하지 않음"

Q 아버지에게 받으나, 장모님에게 받으나 증여세는 똑같죠?

A 답변
아닙니다.
내 입장에서 아버지는 직계존속이지만, 장모님은 나의 직계존속이 아닙니다.
따라서 적용되는 증여재산공제금액이 달라져 증여세도 달라집니다.

☑ **주의**
직계존속인 아버지의 경우 5천만원, 직계존속이 아닌 장모님의 경우 1천만원의 증여재산공제가 적용됩니다.
공제금액에 따른 세금 차이가 있으니 증여자금계획을 잘 세워야 합니다.

06

처가에서 도와줘요

배우자에게 증여받았어요.

| 1 기본상황 | "서울에 10억원 아파트를 구입하려 해요" |

» 40대 A씨는 10억원의 아파트를 구입하려 합니다.

구분	금액
계약금	5천만원
중도금	1억5천만원
잔금	8억원
합계	10억원

» 직장생활을 한지는 10년이 되었습니다.
» 연봉이 많지는 않지만 꾸준히 저축을 했습니다.
» 중간에 주식투자를 하며 이익도 제법 났습니다.

| 2 자금 출처 | "처가쪽 자금지원을 받은 배우자에게 증여받기로 했어요" |

» 그동안 저축한 자금과 주식투자 수익금액이 있지만, 집을 구입하기에는 부족합니다.
» 처가쪽 자금여유가 있어 도움을 받기로 했습니다.
» 와이프가 장모님에게 증여를 받고, 그 후 A씨가 와이프에게 증여받기로 했습니다.

구분	금액	자금출처	비고
예금	2억원	근로소득	저축
주식	3억원	근로소득	투자금액 1억원
증여	5억원	증여	배우자 증여
합계	10억원		

| 3 작성방법 | 아래 순서로 자금조달계획서를 작성합니다. |

자금조달계획부분의 자기자금
- ②번 금융기관 예금액 항목에 2억원
- ③번 주식매각대금 항목에 3억원
- ④번 증여상속 항목에 5억원(관계란에 배우자로 체크)

자금조달 합계
- ⑬번 합계 항목에 10억원

조달자금지급방식
- 총거래대금 항목에 10억원
- ⑮번 계좌이체금액 항목에 10억원

주택취득자금 조달 및 입주계획서

① 자금 조달계획	자기 자금	② 금융기관 예금액 200,000,000 원		③ 주식·채권 매각대금 300,000,000 원	
		④ 증여·상속 500,000,000 원		⑤ 현금 등 그 밖의 자금 원	
		[○]부부 [ ] 직계존비속(관계:) [ ] 그 밖의 관계( )		[ ] 보유 현금 [ ] 그 밖의 자산(종류:)	
		⑥ 부동산 처분대금 등 원		⑦ 소계 1,000,000,000 원	
	차입금 등	⑧ 금융기관 대출액 합계 원	주택담보대출		원
			신용대출		원
			그 밖의 대출		원
				(대출 종류:)	
		기존 주택 보유 여부 (주택담보대출이 있는 경우만 기재) [ ] 미보유 [ ] 보유 (건)			
		⑨ 임대보증금 원		⑩ 회사지원금·사채 원	
		⑪ 그 밖의 차입금 원		⑫ 소계 원	
		[ ] 부부 [ ] 직계존비속( ) [ ] 그 밖의 관계( )			
	⑬ 합계			1,000,000,000 원	
⑭ 조달자금 지급방식		총 거래금액		1,000,000,000 원	
		⑮ 계좌이체 금액		1,000,000,000 원	
		⑯ 보증금·대출 승계 금액		원	
		⑰ 현금 및 그 밖의 지급방식 금액		원	
		지급 사유 (		)	

| 4 제출증빙 | "배우자가 도와주는 경우, 배우자와의 증여세신고서 준비" |

구분	금액	증빙
예금	2억원	예금잔액증명서
주식	3억원	주식거래내역서
증여	5억원	증여세신고서
합계	10억원	

| 5 Check point | "자금조달증빙은 주택을 구입하는 사람의 증빙이 필요" |

 Q 와이프는 장모님께 증여를 받았고, 저는 와이프에게 증여를 받았습니다. 누구와의 증여세신고서를 제출해야하나요?

A 답변 와이프와의 증여세신고서를 제출합니다.

☑ 주의
"나"의 주택을 구입하는 경우에는 "나"의 자금조달증빙을 제출합니다. 그 자금 및 세금신고 흐름이 장모님 → 와이프 → 나 로 되어, 결국 "나"는 와이프에게 자금을 증여받은 것입니다.
하지만 와이프가 장모님께 받을 때 증여세신고를 하지 않았을 경우, 과세관청은 내가 장모님께 증여받은 것으로 볼 수 있음에 유의해야 합니다.

부모님이 기존 집 살 때 도와줬어요

기존 집 살 때 부모님께 증여를 받았어요.

> **1 기본상황**   "서울에 10억원 아파트를 구입하려 해요"

» 40대 A씨는 10억원의 아파트를 구입하려 합니다.

구분	금액
계약금	5천만원
중도금	1억5천만원
잔금	8억원
합계	10억원

» 직장생활을 한지는 10년이 되었습니다.
» 직장생활한지 얼마 지나지 않았을 때, 무리를 해서 위치 좋은 아파트에 투자를 했습니다.
» 이 때 부족한 금액은 부모님께 증여를 받았습니다.

2 자금 출처
"아파트 투자해서 대박났어요"

» 연봉으로 저축한 금액은 얼마 되지 않습니다.
» 다만 투자한 아파트 가격이 많이 올라 그 아파트를 처분하면 주택구입 대금이 충분합니다.(비과세 가정)
» 기존 아파트에 투자에 투자할 때 부모님께 4억원을 증여받았습니다.

구분	금액	자금출처	비고
예금	0.5억원	근로소득	
부동산	9.5억원	부동산매각대금	투자금액 5억원 증여금액 4억원 매각금액 15억원
합계	10억원		

3 작성방법
아래 순서로 자금조달계획서를 작성합니다.

자금조달계획부분의 자기자금
· ②번 금융기관 예금액 항목에 0.5억원
· ⑥번 부동산처분대금 항목에 9.5억원

자금조달 합계
· ⑬번 합계 항목에 10억원

조달자금지급방식
· 총거래대금 항목에 10억원
· ⑮번 계좌이체금액 항목에 10억원

주택취득자금 조달 및 입주계획서

① 자금조달계획	자기자금	② 금융기관 예금액	50,000,000 원	③ 주식·채권 매각대금	원
		④ 증여·상속 [ ]부부 [ ]직계존비속(관계:) [ ] 그 밖의 관계( )	원	⑤ 현금 등 그 밖의 자금 [ ] 보유 현금 [ ]그 밖의 자산(종류:)	원
		⑥ 부동산 처분대금 등	950,000,000 원	⑦ 소계	1,000,000,000 원
	차입금 등	⑧ 금융기관 대출액 합계	원	주택담보대출	원
				신용대출	원
				그 밖의 대출 (대출 종류:)	원
		기존 주택 보유 여부 (주택담보대출이 있는 경우만 기재) [ ] 미보유 [ ] 보유 (건)			
		⑨ 임대보증금	원	⑩ 회사지원금·사채	원
		⑪ 그 밖의 차입금 [ ] 부부 [ ] 직계존비속(관계:) [ ] 그 밖의 관계( )	원	⑫ 소계	원
	⑬ 합계				1,000,000,000 원
⑭ 조달자금 지급방식		총 거래금액			1,000,000,000 원
		⑮ 계좌이체 금액			1,000,000,000 원
		⑯ 보증금·대출 승계 금액			원
		⑰ 현금 및 그 밖의 지급방식 금액			원
		지급 사유 ( )			

4 제출증빙 "부동산처분대금을 기재한 경우, 부동산매매계약서 준비"

구분	금액	증빙
예금	0.5억원	예금잔액증명서
부동산처분대금	9.5억원	부동산매매계약서
합계	10억원	

5 Check point 기존 부동산처분대금으로 신규 주택을 취득하는 경우, "당장은 아니더라도 기존 부동산취득자금 출처 대비도 필요"

Q 기존 아파트에 투자할 때 부모님께 증여를 받았습니다. 이 아파트 처분대금을 자금조달계획서에 기재해도 될까요?

A 답변 네. 기존 아파트 투자시 받은 금액에 대해 정상적으로 증여신고를 한 경우, 그 아파트 처분대금은 본인의 자금출처가 됩니다.

☑ 주의
자금출처에 대한 세무조사 과정에서 기존에 보유하던 아파트의 자금출처 소명으로 연결되는 경우 기존 보유자산에 대한 자금이 증여세 신고가 누락된 것으로 밝혀지면 증여세 및 가산세 이슈가 발생합니다.
그리고 증여문제 뿐만 아니라 과세관청이 부동산 명의신탁에 대한 문제까지 소명요청을 할 수도 있습니다. 즉, 부모님이 자녀명의로 부동산을 취득한 것이 아니냐는 문제로까지 확대될 수도 있는 점 유의해야 합니다.

부모님이 기존 집 살 때 도와줬어요

기존 집을 살 때 부모님께 빌렸어요.

| 1 기본상황 | "서울에 10억원 아파트를 구입하려 해요" |

» 40대 A씨는 10억원의 아파트를 구입하려 합니다.

구분	금액
계약금	5천만원
중도금	1억5천만원
잔금	8억원
합계	10억원

» 직장생활을 한지는 10년이 되었습니다.
» 직장생활한지 얼마 지나지 않았을 때, 무리를 해서 위치 좋은 아파트에 투자를 했습니다.
» 이 때 부족한 금액은 부모님께 빌렸습니다.

> **2 자금 출처** "아파트 투자해서 대박났어요"

》 연봉으로 저축한 금액은 얼마 되지 않습니다.
》 다만 투자한 아파트 가격이 많이 올라 그 아파트를 처분하면 주택구입 대금이 충분합니다.(비과세 가정)
》 기존 아파트에 투자할 때 부모님께 4억원을 빌렸습니다.

구분	금액	자금출처	비고
예금	0.5억원	근로소득	
부동산	9.5억원	부동산매각대금	투자금액 5억원 차입금액 4억원 매각금액 15억원
합계	10억원		

> **3 작성방법** 아래 순서로 자금조달계획서를 작성합니다.

자금조달계획부분의 자기자금
- ②번 금융기관 예금액 항목에 0.5억원
- ⑥번 부동산처분대금 항목에 9.5억원

자금조달 합계
- ⑬번 합계 항목에 10억원

조달자금지급방식
- 총거래대금 항목에 10억원
- ⑮번 계좌이체금액 항목에 10억원

주택취득자금 조달 및 입주계획서

① 자금조달계획	자기자금	② 금융기관 예금액 50,000,000 원		③ 주식·채권 매각대금 원	
		④ 증여·상속 원 [ ]부부 [ ]직계존비속(관계:) [ ] 그 밖의 관계( )		⑤ 현금 등 그 밖의 자금 원 [ ] 보유 현금 [ ] 그 밖의 자산(종류:)	
		⑥ 부동산 처분대금 등 950,000,000 원		⑦ 소계 1,000,000,000 원	
	차입금 등	⑧ 금융기관 대출액 합계 원	주택담보대출		원
			신용대출		원
			그 밖의 대출 (대출 종류:)		원
		기존 주택 보유 여부 (주택담보대출이 있는 경우만 기재) [ ] 미보유 [ ] 보유 (건)			
		⑨ 임대보증금 원		⑩ 회사지원금·사채 원	
		⑪ 그 밖의 차입금 원 [ ] 부부 [ ] 직계존비속(관계:) [ ] 그 밖의 관계( )		⑫ 소계 원	
	⑬ 합계			1,000,000,000 원	
⑭ 조달자금 지급방식		총 거래금액		1,000,000,000 원	
		⑮ 계좌이체 금액		1,000,000,000 원	
		⑯ 보증금·대출 승계 금액		원	
		⑰ 현금 및 그 밖의 지급방식 금액		원	
		지급 사유 (		)	

| 4
제출증빙 | "부동산처분대금을 기재한 경우, 부동산매매계약서 준비" |

구분	금액	증빙
예금	0.5억원	예금잔액증명서
부동산처분대금	9.5억원	부동산매매계약서
합계	10억원	

| 5
Check point | "빌린 금액은 잘 갚는 것도 중요" |

Q 기존 아파트 투자할 때 부모님께 4억원을 빌렸습니다. 이 아파트 처분대금을 자금조달계획서에 기재해도 될까요?

A 답변 네. 기존 아파트 투자시 빌린 금액에 대한 차입증빙을 잘 갖춘 경우, 그 아파트 처분대금은 본인의 자금출처가 됩니다.

☑ 주의
기존 차입금에 대해 차입계약서 등 차입증빙이 잘 갖추어진 상태에서, 아파트 매각대금으로 그 차입금을 상환하며 상환증빙을 잘 갖추는 것도 좋을 것으로 보입니다.
이러한 차입/상환증빙이 충분하지 않을 경우에는 차입사실 자체가 부인되어 과세관청이 증여로 볼 수 있음에 유의해야 합니다.

09 본가와 처가에서 도와줘요

저는 아버지에게 빌리고, 와이프는 장모님에게 증여받아요

| 1 기본상황 | "서울에 10억원 아파트를 구입하려 해요" |

» 40대 A씨와 B씨는 10억원의 아파트를 구입하려 합니다.

구분	금액
계약금	5천만원
중도금	1억5천만원
잔금	8억원
합계	10억원

» A씨와 배우자 B씨는 직장생활을 한지는 10년이 되었습니다.
» 배우자 B씨는 육아로 인해 휴직 중입니다.
» 이번에 위치가 좋은 아파트를 5:5 공동명의로 구입하려합니다.

| 2 자금 출처 | "자금 경제적 능력에 맞게 빌리고, 증여받아요" |

» A씨는 이자 및 원금상환능력이 되어 아버지에게 자금을 빌리고,
» 와이프인 B씨는 휴직 중이라 소득활동이 없어, 장모님에게 차입 대신 증여를 받으려 합니다.

구분	금액	자금출처	비고
예금	3억원	근로소득	본인 A
차입	2억원	아버지 차입금	
예금	2억원	근로소득	배우자 B
증여	3억원	어머니 증여	
합계	10억원		

3 작성방법 A씨는 아래 순서로 자금조달계획서를 작성합니다.

자금조달계획부분의 자기자금
· ②번 금융기관 예금액 항목에 3억원

자금조달계획부분의 차입금
· ⑪번 차입금 항목에 2억원

자금조달 합계
· ⑬번 합계 항목에 5억원

조달자금지급방식
· 총거래대금 항목에 5억원
· ⑮번 계좌이체금액 항목에 5억원

» A씨의 자금조달계획서

주택취득자금 조달 및 입주계획서

① 자금 조달계획	자기 자금	② 금융기관 예금액 300,000,000 원		③ 주식·채권 매각대금 원	
		④ 증여·상속 원 [ ]부부 [ ]직계존비속(관계:) [ ] 그 밖의 관계( )		⑤ 현금 등 그 밖의 자금 원 [ ] 보유 현금 [ ]그 밖의 자산(종류:)	
		⑥ 부동산 처분대금 등 원		⑦ 소계 300,000,000 원	
	차입금 등	⑧ 금융기관 대출액 합계 원	주택담보대출		원
			신용대출		원
			그 밖의 대출	(대출 종류:	원)
		기존 주택 보유 여부 (주택담보대출이 있는 경우만 기재) [ ] 미보유 [ ] 보유 (건)			
		⑨ 임대보증금 원		⑩ 회사지원금·사채 원	
		⑪ 그 밖의 차입금 200,000,000 원 [ ]부부 [O] 직계존비속(관계: 父) [ ] 그 밖의 관계( )		⑫ 소계 200,000,000 원	
	⑬ 합계			500,000,000 원	
⑭ 조달자금 지급방식		총 거래금액		500,000,000 원	
		⑮ 계좌이체 금액		500,000,000 원	
		⑯ 보증금·대출 승계 금액		원	
		⑰ 현금 및 그 밖의 지급방식 금액		원	
		지급 사유 (		)	

| 3 작성방법 | B씨는 아래 순서로 자금조달계획서를 작성합니다. |

자금조달계획부분의 자기자금
- ②번 금융기관 예금액 항목에 2억원
- ④번 증여상속 항목에 3억원

자금조달 합계
- ⑬번 합계 항목에 5억원

조달자금지급방식
- 총거래대금 항목에 5억원
- ⑮번 계좌이체금액 항목에 5억원

B씨의 자금조달계획서

주택취득자금 조달 및 입주계획서

① 자금 조달계획	자기 자금	② 금융기관 예금액 200,000,000 원	③ 주식·채권 매각대금	원
		④ 증여·상속 300,000,000 원	⑤ 현금 등 그 밖의 자금	원
		[ ]부부 [○]직계존비속(관계: 母) [ ] 그 밖의 관계( )	[ ] 보유 현금 [ ]그 밖의 자산(종류:)	
		⑥ 부동산 처분대금 등 원	⑦ 소계 500,000,000 원	
	차입금 등	⑧ 금융기관 대출액 합계	주택담보대출	원
			신용대출	원
		원	그 밖의 대출 (대출 종류:)	원
		기존 주택 보유 여부 (주택담보대출이 있는 경우만 기재) [ ] 미보유 [ ] 보유 (건)		
		⑨ 임대보증금 원	⑩ 회사지원금·사채	원
		⑪ 그 밖의 차입금 원	⑫ 소계	
		[ ] 부부 [ ] 직계존비속(관계:) [ ] 그 밖의 관계( )		원
	⑬ 합계		500,000,000 원	
⑭ 조달자금 지급방식		총 거래금액	500,000,000 원	
		⑮ 계좌이체 금액	500,000,000 원	
		⑯ 보증금·대출 승계 금액	원	
		⑰ 현금 및 그 밖의 지급방식 금액	원	
		지급 사유 ( )		

4 제출증빙   A씨
"빌린 경우에는 차입계약서 준비"

구분	금액	증빙
예금	3억원	예금잔액증명서
차입	2억원	차입계약서
합계	5억원	

4 제출증빙   B씨
"빌린 것이 아니라 증여받은 경우에는 증여세신고서 준비"

구분	금액	증빙
예금	2억원	예금잔액증명서
증여	3억원	증여세신고서
합계	5억원	

5 Check point   "경제적능력에 따라 적절한 자금조달형태가 상이"

Q 부부인데, 한쪽은 증여를 받고, 한쪽은 차입을 하고 달리 하는 이유가 있나요?

A 답변

종합적인 상황을 살펴봐야하지만, 일반적으로 각자의 경제적 상황에 따라 가능한 자금조달형태가 달라질 수 있습니다.

직장생활 혹은 사업을 하며 차입금에 대한 이자 및 원금상환 능력이 있는 경우에는 차입증빙을 갖추기가 수월합니다.

하지만 이런 경제적 능력이 되지 않는 상황에서는 차입보다는 증여를 받는 편이 과세당국의 의심의 눈초리를 피할 수 있습니다.

부모님이 대출을 대신 받으셨어요

부모님이 대신 대출을 받았어요.

| 1 기본상황 | "서울에 10억원 아파트를 구입하려 해요" |

» 40대 A씨는 10억원의 아파트를 구입하려 합니다.

구분	금액
계약금	5천만원
중도금	1억5천만원
잔금	8억원
합계	10억원

» 직장생활을 한지는 10년이 되었습니다.
» 연봉이 많지는 않지만, 꾸준히 저축을 해왔습니다.
» 연봉 중 일부는 꾸준히 주식에 투자를 했습니다.

2 자금 출처 — "부모님이 대신 대출을 받았어요"

» 연봉으로 저축한 금액은 얼마 되지 않지만, 주식투자 결과가 좋습니다.
» 본인명의로도 은행에서 대출을 받을 예정이고,
» 부모님이 대신 대출을 받아서 그 금액을 빌려주신다고 합니다.

구분	금액	자금출처	비고
예금	1억원	근로소득	
주식	3억원	주식매각대금	투자금액 1억원
대출	3억원	은행대출	
차입	3억원	아버지 차입금	아버지 은행대출
합계	10억원		

> **3 작성방법** 아래 순서로 자금조달계획서를 작성합니다.

자금조달계획부분의 자기자금
- ②번 금융기관 예금액 항목에 1억원
- ③번 주식매각대금 항목에 3억원

자금조달계획부분의 차입금
- ⑧번 금융기관대출액 항목에 3억원
- ⑪번 그밖의 차입금 항목에 3억원

자금조달 합계
- ⑬번 합계 항목에 10억원

조달자금지급방식
- 총거래대금 항목에 10억원
- ⑮번 계좌이체금액 항목에 10억원

주택취득자금 조달 및 입주계획서

① 자금 조달계획	자기 자금	② 금융기관 예금액 100,000,000 원		③ 주식·채권 매각대금 300,000,000 원	
		④ 증여·상속 원 [ ]부부 [ ]직계존비속(관계:) [ ] 그 밖의 관계( )		⑤ 현금 등 그 밖의 자금 원 [ ] 보유 현금 [ ]그 밖의 자산(종류:)	
		⑥ 부동산 처분대금 등 원		⑦ 소계 400,000,000 원	
	차입금 등	⑧ 금융기관 대출액 합계 300,000,000 원	주택담보대출	300,000,000 원
			신용대출	원
			그 밖의 대출	원 (대출 종류:)
		기존 주택 보유 여부 (주택담보대출이 있는 경우만 기재) [ ] 미보유 [ ] 보유 (건)			
		⑨ 임대보증금 원		⑩ 회사지원금·사채 원	
		⑪ 그 밖의 차입금 300,000,000 원 [ ]부부 [○] 직계존비속(관계: 父) [ ] 그 밖의 관계( )		⑫ 소계 600,000,000 원	
	⑬ 합계	1,000,000,000 원			
⑭ 조달자금 지급방식		총 거래금액	1,000,000,000 원		
		⑮ 계좌이체 금액	1,000,000,000 원		
		⑯ 보증금·대출 승계 금액	원		
		⑰ 현금 및 그 밖의 지급방식 금액	원		
|| 지급 사유 ( )				

4 제출증빙 "아버지가 은행대출을 받아 빌려준 경우, 차입계약서 준비"

구분	금액	증빙
예금	1억원	예금잔액증명서
주식	3억원	주식거래내역서
대출	3억원	대출신청서
차입	3억원	차입계약서
합계	10억원	

5 Check point "아버지가 은행에서 빌린 금액을 나에게 다시 빌려주는 경우도 역시 아버지로부터의 차입금"

Q 아버지가 자금여유가 없습니다. 하지만 은행대출을 받아, 그 금액을 빌려주시는 경우가 있습니다. 자금조달증빙으로 은행 대출신청서를 제출하나요?

A 답변 이 경우 내가 은행대출을 신청한 것이 아니라, 아버지가 은행대출을 신청한 것입니다.
나의 자금조달계획서 증빙으로는 내가 아버지에게 빌린 차입계약서를 제출해야 합니다.

☑ **주의**
아버지가 대출받은 금액을 나에게 빌려주는 경우, 아버지가 조달한 차입금의 이자와 내가 아버지에게 지급하는 이자에 대한 비교가 필요합니다. 또한 관련 이자 및 원금을 자력으로 상환하였다는 객관적인 증빙을 근거로 남겨놓는 것이 좋습니다.

> 조부모님, 형제자매에게
> 빌리거나 증여받는 경우

Part **04**

가족 없인 못산다
(조부모님, 형제자매)

1. 할아버지가 예금을 주셨어요.
2. 할아버지가 땅을 주셨어요.
3. 할아버지가 현금을 주셨어요.
4. 할아버지와 아버지가 도와주신대요.
5. 형이랑 누나가 도와줘요.
6. 부모님의 자금을 형을 통해 빌려요.

01
할아버지가 도와줘요

할아버지가
예금을 주셨어요.

| 1 기본상황 | "서울에 10억원 아파트를 구입하려 해요" |

» 40대 A씨는 10억원의 아파트를 구입하려 합니다.

구분	금액
계약금	5천만원
중도금	1억5천만원
잔금	8억원
합계	10억원

» 직장생활을 한지는 10년이 되었습니다.
» 연봉이 많지는 않지만 꾸준히 저축을 했습니다.
» 중간에 주식투자를 하며 이익도 제법 났습니다.

2 자금 출처
"할아버지가 예금을 증여해 주신대요"

» 그동안 저축한 자금과 주식투자 이익금액이 있지만, 집을 구입하기에는 부족합니다.
» 할아버지가 이번에 집을 살 때 보태라고 예금을 주셨습니다.

구분	금액	자금출처	비고
예금	2억원	근로소득	저축
주식	3억원	근로소득	투자금액 1억원
증여	5억원	증여	할아버지 증여
합계	10억원		

3 작성방법
아래 순서로 자금조달계획서를 작성합니다.

자금조달계획부분의 자기자금
- ②번 금융기관 예금액 항목에 2억원
- ③번 주식매각대금 항목에 3억원
- ④번 증여상속 항목에 5억원(관계란에 직계존비속 체크)

자금조달 합계
- ⑬번 합계 항목에 10억원

조달자금지급방식
- 총거래대금 항목에 10억원
- ⑮번 계좌이체금액 항목에 10억원

주택취득자금 조달 및 입주계획서

① 자금조달계획	자기자금	② 금융기관 예금액 200,000,000 원		③ 주식·채권 매각대금 300,000,000 원	
		④ 증여·상속 500,000,000 원		⑤ 현금 등 그 밖의 자금 원	
		[ ]부부 [○]직계존비속(관계:祖父) [ ] 그 밖의 관계( )		[ ] 보유 현금 [ ]그 밖의 자산(종류:)	
		⑥ 부동산 처분대금 등 원		⑦ 소계 1,000,000,000 원	
	차입금 등	⑧ 금융기관 대출액 합계 원	주택담보대출		원
			신용대출		원
			그 밖의 대출 (대출 종류:)		원
		기존 주택 보유 여부 (주택담보대출이 있는 경우만 기재) [ ] 미보유 [ ] 보유 (건)			
		⑨ 임대보증금 원		⑩ 회사지원금·사채 원	
		⑪ 그 밖의 차입금 원		⑫ 소계	
		[ ] 부부 [ ] 직계존비속(관계:) [ ] 그 밖의 관계( )			원
	⑬ 합계			1,000,000,000 원	
⑭ 조달자금 지급방식		총 거래금액		1,000,000,000 원	
		⑮ 계좌이체 금액		1,000,000,000 원	
		⑯ 보증금·대출 승계 금액		원	
		⑰ 현금 및 그 밖의 지급방식 금액		원	
		지급 사유 ( )			

4 제출증빙 "할아버지가 도와주시는 경우 증여세신고서 준비"

구분	금액	증빙
예금	2억원	예금잔액증명서
주식	3억원	주식거래내역서
증여	5억원	증여세신고서
합계	10억원	

5 Check point "할아버지에게 받는 증여는 더 비싸다"

 아버지에게 5억원 받으나, 할아버지에게 5억원 받으나 증여세는 똑같이 나오죠?

답변 아닙니다.
할아버지에게 받을 때의 증여세가 더 많이 나옵니다.

☑ **주의**
할아버지의 재산이 아버지에게 갔다가 그 재산이 다시 손자에게 가는 경우에는 증여의 과정을 두 번 거치지만, 할아버지가 손자에게 직접 증여해주면 증여의 과정을 한 번만 거칩니다.
그래서 이렇게 세대를 건너뛰어 증여를 하는 경우에는 일반적인 증여세에 30%를 할증하여 과세를 하고 있습니다.
(미성년자가 20억원 이상을 받을때는 40% 할증)

할아버지가 도와줘요

할아버지가
땅을 주셨어요.

| 1 기본상황 | "서울에 10억원 아파트를 구입하려 해요" |

» 40대 A씨는 10억원의 아파트를 구입하려 합니다.

구분	금액
계약금	5천만원
중도금	1억5천만원
잔금	8억원
합계	10억원

» 직장생활을 한지는 10년이 되었습니다.
» 연봉이 많지는 않지만 꾸준히 저축을 했습니다.
» 중간에 주식투자를 하며 이익도 제법 났습니다.

2 자금 출처 — "할아버지가 주신 땅을 팔아요"

» 그동안 저축한 자금과 주식투자 이익금액이 있지만, 집을 구입하기에는 부족합니다.
» 부족한 자금은 할아버지가 주신 땅을 팔아 마련하려 합니다.

구분	금액	자금출처	비고
예금	2억원	근로소득	저축
주식	3억원	근로소득	투자금액 1억원
부동산	5억원	증여	할아버지 증여
합계	10억원		

3 작성방법 — 아래 순서로 자금조달계획서를 작성합니다.

자금조달계획부분의 자기자금
· ②번 금융기관 예금액 항목에 2억원
· ③번 주식매각대금 항목에 3억원
· ⑥번 부동산처분대금 항목에 5억원

자금조달 합계
· ⑬번 합계 항목에 10억원

조달자금지급방식
· 총거래대금 항목에 10억원
· ⑮번 계좌이체금액 항목에 10억원

주택취득자금 조달 및 입주계획서

① 자금 조달계획	자기 자금	② 금융기관 예금액		200,000,000 원	③ 주식·채권 매각대금		300,000,000 원
		④ 증여·상속 [ ]부부 [ ]직계존비속(관계:) [ ] 그 밖의 관계( )		원	⑤ 현금 등 그 밖의 자금 [ ] 보유 현금 [ ]그 밖의 자산(종류:)		원
		⑥ 부동산 처분대금 등		500,000,000 원	⑦ 소계		1,000,000,000 원
	차입금 등	⑧ 금융기관 대출액 합계	주택담보대출				원
			신용대출				원
			그 밖의 대출 (대출 종류:)				원
		원					
		기존 주택 보유 여부 (주택담보대출이 있는 경우만 기재) [ ] 미보유 [ ] 보유 (건)					
		⑨ 임대보증금		원	⑩ 회사지원금·사채		원
		⑪ 그 밖의 차입금		원	⑫ 소계		
		[ ] 부부 [ ] 직계존비속(관계:) [ ] 그 밖의 관계( )					원
	⑬ 합계						1,000,000,000 원
⑭ 조달자금 지급방식		총 거래금액					1,000,000,000 원
		⑮ 계좌이체 금액					1,000,000,000 원
		⑯ 보증금·대출 승계 금액					원
		⑰ 현금 및 그 밖의 지급방식 금액					원
		지급 사유 ( )					

172

4 제출증빙 "할아버지가 주신 땅을 파는 경우에는 매매계약서 준비"

구분	금액	증빙
예금	2억원	예금잔액증명서
주식	3억원	주식거래내역서
부동산	5억원	부동산매매계약서
합계	10억원	

5 Check point "할아버지에게 증여받은 토지를 매각할 경우에는 이월과세 주의"

Q 할아버지가 주신 땅을 팔아 잔금을 치르는데 어떤 증빙을 준비하나요?

A 답변 할아버지에게 땅을 받았을 당시에 증여세신고를 하였고, 지금은 본인 소유의 땅을 매각하는 것이기에 자금조달증빙으로 부동산매매계약서를 준비합니다.

 주의
직계존속인 할아버지에게 증여받은 부동산을 5년 이내에 양도하게 되면, 양도세 계산시 이월과세가 적용이 되어 양도세부담이 늘어날 수 있습니다.
(양도세 계산시 이월과세가 적용되면, 토지의 취득금액이 할아버지가 취득한 낮은 취득금액이 적용되어 양도세 부담이 커집니다)

할아버지가 도와줘요

할아버지가
현금을 주셨어요.

| 1 기본상황 | "서울에 10억원 아파트를 구입하려 해요" |

» 40대 A씨는 10억원의 아파트를 구입하려 합니다.

구분	금액
계약금	5천만원
중도금	1억5천만원
잔금	8억원
합계	10억원

» 직장생활을 한지는 10년이 되었습니다.
» 연봉이 많지는 않지만 꾸준히 저축을 했습니다.
» 중간에 주식투자를 하며 이익도 제법 났습니다.

2 자금 출처 "할아버지가 현금을 주셨어요"

» 그동안 저축한 자금과 주식투자 이익금액이 있지만, 집을 구입하기에는 부족합니다.
» 할아버지가 이번에 집을 살 때 보태라고 현금을 주셨습니다.

구분	금액	자금출처	비고
예금	2억원	근로소득	저축
주식	3억원	근로소득	투자금액 1억원
증여	5억원	증여	할아버지 증여
합계	10억원		

3 작성방법 아래 순서로 자금조달계획서를 작성합니다.

자금조달계획부분의 자기자금
· ②번 금융기관 예금액 항목에 2억원
· ③번 주식매각대금 항목에 3억원
· ④번 증여상속 항목에 5억원(관계란에 직계존비속 체크)

자금조달 합계
· ⑬번 합계 항목에 10억원

조달자금지급방식
· 총거래대금 항목에 10억원
· ⑮번 계좌이체금액 항목에 10억원

주택취득자금 조달 및 입주계획서

① 자금 조달계획	자기 자금	② 금융기관 예금액 200,000,000 원		③ 주식·채권 매각대금 300,000,000 원	
		④ 증여·상속 500,000,000 원		⑤ 현금 등 그 밖의 자금 원	
		[ ]부부 [○]직계존비속(관계:祖父) [ ] 그 밖의 관계( )		[ ] 보유 현금 [ ]그 밖의 자산(종류:)	
		⑥ 부동산 처분대금 등 원		⑦ 소계 1,000,000,000 원	
	차입금 등	⑧ 금융기관 대출액 합계 원	주택담보대출		원
			신용대출		원
			그 밖의 대출 (대출 종류:)		원
		기존 주택 보유 여부 (주택담보대출이 있는 경우만 기재) [ ] 미보유 [ ] 보유 (건)			
		⑨ 임대보증금 원		⑩ 회사지원금·사채 원	
		⑪ 그 밖의 차입금 원		⑫ 소계 원	
		[ ] 부부 [ ] 직계존비속(관계:) [ ] 그 밖의 관계( )			
	⑬ 합계			1,000,000,000 원	
⑭ 조달자금 지급방식		총 거래금액		1,000,000,000 원	
		⑮ 계좌이체 금액		1,000,000,000 원	
		⑯ 보증금·대출 승계 금액		원	
		⑰ 현금 및 그 밖의 지급방식 금액		원	
		지급 사유 (		)	

4 제출증빙 "할아버지가 도와주시는 경우 증여세신고서 준비"

구분	금액	증빙
예금	2억원	예금잔액증명서
주식	3억원	주식거래내역서
증여	5억원	증여세신고서
합계	10억원	

5 Check point "증여받고 5년 이후에 상속개시되면, 손자가 받은 증여금액은 상속재산에 포함되지 않음"

Q 현금으로 받은 것을 증여신고해야 하나요?

A 답변
본인의 그동안의 소득, 재산증감 현황을 보았을 때, 그 수준과 비교하여 큰 현금을 사용하게 되면 이상거래로 보일 가능성이 높습니다.
따라서 이상거래에 대한 소명자료 요청에 대비해 현금에 대한 증여세 신고를 사전에 하는 것이 좋습니다.

☑ **주의**
할아버지에게 증여를 받고 5년 이내에 상속이 개시되는 경우에는 그 증여재산은 상속재산에 포함됩니다.
참고로 증여받고 5년 이후에 상속이 개시되는 경우에는 상속인 외의 자에게 증여를 해준 금액으로 보아 상속재산에 포함되지 않습니다.

할아버지와 아버지가 도와줘요.

할아버지와 아버지가 도와주신대요.

1 기본상황 "서울에 10억원 아파트를 구입하려 해요"

» 40대 A씨는 10억원의 아파트를 구입하려 합니다.

구분	금액
계약금	5천만원
중도금	1억5천만원
잔금	8억원
합계	10억원

» 직장생활을 한지는 10년이 되었습니다.
» 연봉이 많지는 않지만 꾸준히 저축을 했습니다.
» 중간에 주식투자를 하며 이익도 제법 났습니다.

> **2 자금 출처** "할아버지와 아버지가 예금을 증여해 주신대요"

» 그동안 저축한 자금과 주식투자 이익금액이 있지만, 집을 구입하기에는 부족합니다.
» 할아버지와 아버지가 이번에 집을 살 때 보태라고 예금을 주셨습니다.

구분	금액	자금출처	비고
예금	2억원	근로소득	저축
주식	3억원	근로소득	투자금액 1억원
증여	5억원	증여	할아버지 2억원 아버지 3억원
합계	10억원		

> **3 작성방법** 아래 순서로 자금조달계획서를 작성합니다.

자금조달계획부분의 자기자금
· ②번 금융기관 예금액 항목에 2억원
· ③번 주식매각대금 항목에 3억원
· ④번 증여상속 항목에 5억원(관계란에 직계존비속 체크)

자금조달 합계
· ⑬번 합계 항목에 10억원

조달자금지급방식
· 총거래대금 항목에 10억원
· ⑮번 계좌이체금액 항목에 10억원

주택취득자금 조달 및 입주계획서

① 자금 조달계획	자기 자금	② 금융기관 예금액 200,000,000 원		③ 주식·채권 매각대금 300,000,000 원	
		④ 증여·상속 500,000,000 원		⑤ 현금 등 그 밖의 자금 원	
		[ ]부부 [○]직계존비속(관계:祖父,父) [ ] 그 밖의 관계( )		[ ] 보유 현금 [ ]그 밖의 자산(종류:)	
		⑥ 부동산 처분대금 등 원		⑦ 소계 1,000,000,000 원	
	차입금 등	⑧ 금융기관 대출액 합계 원	주택담보대출		원
			신용대출		원
			그 밖의 대출 (대출 종류:)		원
		기존 주택 보유 여부 (주택담보대출이 있는 경우만 기재) [ ] 미보유 [ ] 보유 (건)			
		⑨ 임대보증금 원		⑩ 회사지원금·사채 원	
		⑪ 그 밖의 차입금 원		⑫ 소계 원	
		[ ] 부부 [ ] 직계존비속(관계:) [ ] 그 밖의 관계( )			
	⑬ 합계			1,000,000,000 원	
⑭ 조달자금 지급방식		총 거래금액		1,000,000,000 원	
		⑮ 계좌이체 금액		1,000,000,000 원	
		⑯ 보증금·대출 승계 금액		원	
		⑰ 현금 및 그 밖의 지급방식 금액		원	
		지급 사유 (		)	

| 4 제출증빙 | "할아버지와 아버지가 도와주시는 경우, 각각의 증여세신고서 준비" |

구분	금액	증빙
예금	2억원	예금잔액증명서
주식	3억원	주식거래내역서
증여	5억원	증여세신고서(할아버지) 증여세신고서(아버지)
합계	10억원	

| 5 Check point | "할증과세 및 세율적용구간을 고려하여, 증여순서 결정" |

Q 증여받을 때 직계존속에게 받으면 5천만원까지 세금이 없으니까 아버지도 할아버지도 각각 5천만원 공제할 수 있죠?

A 답변
아닙니다.
증여재산공제 5천만원은 직계존속그룹을 대상으로 적용이 됩니다.
아버지와 할아버지 두 분을 합해서 5천만원 공제가 적용됩니다.

☑ **주의**
증여재산공제는 먼저 증여받는 재산에 적용됩니다.
따라서 30% 할증과세가 적용되는 할아버지로부터 먼저 증여받는다면, 할아버지 증여재산에 증여재산공제가 적용이 되어, 전체적인 증여세 부담이 약간 줄어들 수도 있습니다.

05
형제자매가 도와줘요

형이랑 누나가 도와줘요.

| 1
기본상황 | "서울에 10억원 아파트를 구입하려 해요" |

» 40대 A씨는 10억원의 아파트를 구입하려 합니다.

구분	금액
계약금	5천만원
중도금	1억5천만원
잔금	8억원
합계	10억원

» 직장생활을 한지는 10년이 되었습니다.
» 연봉이 많지는 않지만 꾸준히 저축을 했습니다.
» 중간에 주식투자를 하며 이익도 제법 났습니다.

2 자금 출처 "형과 누나가 빌려줘요"

» 그동안 저축한 자금과 주식투자 수익금액이 있지만, 집을 구입하기에는 부족합니다.

» 형과 누나가 증여는 못 해주지만, 시중금리보다 낮은 이율로 빌려주기로 합니다.

구분	금액	자금출처	비고
예금	2억원	근로소득	저축
주식	3억원	근로소득	투자금액 1억원
차입	5억원	차입금	형 2억원 누나 3억원
합계	10억원		

3 작성방법 아래 순서로 자금조달계획서를 작성합니다.

자금조달계획부분의 자기자금
· ②번 금융기관 예금액 항목에 2억원
· ③번 주식매각대금 항목에 3억원

자금조달계획부분의 차입금
· ⑪번 그 밖의차입금 항목에 5억원

자금조달 합계
· ⑬번 합계 항목에 10억원

조달자금지급방식
· 총거래대금 항목에 10억원
· ⑮번 계좌이체금액 항목에 10억원

주택취득자금 조달 및 입주계획서

① 자금조달계획	자기자금	② 금융기관 예금액	200,000,000 원	③ 주식·채권 매각대금	300,000,000 원
		④ 증여·상속 원 [ ]부부 [ ]직계존비속(관계:) [ ] 그 밖의 관계( )		⑤ 현금 등 그 밖의 자금 원 [ ] 보유 현금 [ ]그 밖의 자산(종류:)	
		⑥ 부동산 처분대금 등 원		⑦ 소계 500,000,000 원	
	차입금 등	⑧ 금융기관 대출액 합계 원	주택담보대출 원 신용대출 원 그 밖의 대출 원 (대출 종류:)		
		기존 주택 보유 여부 (주택담보대출이 있는 경우만 기재) [ ] 미보유 [ ] 보유 (건)			
		⑨ 임대보증금 원		⑩ 회사지원금·사채 원	
		⑪ 그 밖의 차입금 500,000,000 원 [ ] 부부 [ ] 직계존비속(관계:) [○] 그 밖의 관계(형, 누나)		⑫ 소계 500,000,000 원	
	⑬ 합계			1,000,000,000 원	
⑭ 조달자금 지급방식		총 거래금액		1,000,000,000 원	
		⑮ 계좌이체 금액		1,000,000,000 원	
		⑯ 보증금·대출 승계 금액		원	
		⑰ 현금 및 그 밖의 지급방식 금액		원	
		지급 사유 (		)	

> **4 제출증빙** "형과 누나가 빌려주는 경우, 각각의 차입계약서 준비"

구분	금액	증빙
예금	2억원	예금잔액증명서
주식	3억원	주식거래내역서
차입	5억원	차입계약서(형) 차입계약서(누나)
합계	10억원	

> **5 Check point** "무이자가 가능한 차입금이라도 이자지급 혹은 원금 상환 필요"

Q 형이랑 누나가 이자는 필요없대요.

A 답변
증여 관련하여, 법정이자율은 4.6%입니다.
여기에 연간 이자차액이 1천만원 미만의 범위까지는 이자율을 낮게 설정할 수는 있습니다.
즉, 3억원을 빌렸을 경우 1.28%의 이자율 설정이 가능합니다.
또한, 2억원을 빌렸을 경우에는 무이자도 가능합니다.

☑ **주의**
부모님이 아닌 형제자매간 차입거래 또한 차입금에 대한 증빙을 잘 준비해야 합니다. 그래서 무이자가 가능한 상황이라도 이자를 설정하거나, 혹은 원금 일부를 지속적으로 상환하는 등의 준비가 필요합니다.
한편, 부모님의 자금이 형제자매간 자금거래에 활용되었는지 여부에 대한 과세당국의 세무조사 가능성에도 유의해야 합니다.

06
형제자매가 도와줘요

부모님의 자금을
형을 통해 빌려요.

1 기본상황   "서울에 10억원 아파트를 구입하려 해요"

» 40대 A씨는 10억원의 아파트를 구입하려 합니다.

구분	금액
계약금	5천만원
중도금	1억5천만원
잔금	8억원
합계	10억원

» 직장생활을 한지는 10년이 되었습니다.
» 연봉이 많지는 않지만 꾸준히 저축을 했습니다.
» 중간에 주식투자를 하며 이익도 제법 났습니다.

2 자금 출처 "부모님의 자금을 형을 통해 받아요"

» 그동안 저축한 자금과 주식투자 수익금액이 있지만, 집을 구입하기에는 부족합니다.
» 부족한 금액은 부모님이 도와주기로 했습니다.
» 다만, 부모님에게 직접 빌리면 사후관리 집중대상이 될 거 같아, 형을 통해 빌리려고 합니다.

구분	금액	자금출처	비고
예금	2억원	근로소득	저축
주식	3억원	근로소득	투자금액 1억원
차입	5억원	형 차입금	실질은 부모님 자금
합계	10억원		

3 작성방법 아래 순서로 자금조달계획서를 작성합니다.

자금조달계획부분의 자기자금
- ②번 금융기관 예금액 항목에 2억원
- ③번 주식매각대금 항목에 3억원

자금조달계획부분의 차입금
- ⑪번 그밖의차입금 항목에 5억원(관계란에 형 체크)

자금조달 합계
- ⑬번 합계 항목에 10억원

조달자금지급방식
- 총거래대금 항목에 10억원
- ⑮번 계좌이체금액 항목에 10억원

주택취득자금 조달 및 입주계획서

① 자금 조달계획	자기 자금	② 금융기관 예금액		③ 주식·채권 매각대금	
			200,000,000 원		300,000,000 원
		④ 증여·상속		⑤ 현금 등 그 밖의 자금	
			원		원
		[ ]부부 [ ]직계존비속(관계:) [ ] 그 밖의 관계( )		[ ] 보유 현금 [ ]그 밖의 자산(종류:)	
		⑥ 부동산 처분대금 등		⑦ 소계	
			원		500,000,000 원
	차입금 등	⑧ 금융기관 대출액 합계	주택담보대출		원
			신용대출		원
			그 밖의 대출		원
		원	(대출 종류:)		
		기존 주택 보유 여부 (주택담보대출이 있는 경우만 기재) [ ] 미보유 [ ] 보유 (건)			
		⑨ 임대보증금		⑩ 회사지원금·사채	
			원		원
		⑪ 그 밖의 차입금		⑫ 소계	
			500,000,000 원		
		[ ] 부부 [ ] 직계존비속(관계:) [○] 그 밖의 관계(형)			500,000,000 원
	⑬ 합계				1,000,000,000 원
⑭ 조달자금 지급방식		총 거래금액			1,000,000,000 원
		⑮ 계좌이체 금액			1,000,000,000 원
		⑯ 보증금·대출 승계 금액			원
		⑰ 현금 및 그 밖의 지급방식 금액			원
		지급 사유 (			)

4 제출증빙 "형이 나에게 빌려주는 경우, 형과의 차입계약서 준비"

구분	금액	증빙
예금	2억원	예금잔액증명서
주식	3억원	주식거래내역서
차입	5억원	차입계약서(형)
합계	10억원	

5 Check point "빌려줄 능력이 안되는데 빌려주면 증여세 과세가능성 높아짐"

Q 부모님께 빌리면 사후관리 집중대상이 될 거 같아, 형의 통장을 통해 받았어요.

A 답변 자금조달계획서를 제출하는 지금 당장에는 문제점이 발견되지 않을 수도 있습니다.

☑ **주의**
하지만 형의 소득, 재산 등을 보았을 때 해당 차입금을 빌려줄 수 있는 능력이 없는 경우, 금융거래내역 조사의 대상이 될 수 있습니다.
또는 추후 부모님의 상속세 조사과정에서 발견되었을 경우 해당 차입금에 대해 증여세가 과세될 수 있음에 유의해야 합니다.

Part **05**

은행없이 못산다

1. 직장이 좋긴한데, 집사기에는 모자라요.
2. 주식이 대박나긴 했지만, 집사기에는 모자라요.
3. 기존 주택이 많이 올랐어도, 집사기에는 모자라요.
4. 대출이 끼어있던 기존 주택을 매각했어요.
5. 부모님이 빌려주시기로 했는데, 갑자기 사정이 생겨 은행대출을 급히 신청했어요.

주택담보대출

직장이 좋긴한데, 집사기에는 모자라요.

1 기본상황 "서울에 10억원 아파트를 구입하려 해요"

» 40대 A씨는 10억원의 아파트를 구입하려 합니다.

구분	금액
계약금	5천만원
중도금	1억5천만원
잔금	8억원
합계	10억원

» 직장생활을 한지는 10년이 되었습니다.
» 연봉도 많고, 회사의 주택구입자금 지원정책도 좋습니다.
» 부모님 도움없이 부족한 금액은 은행대출을 받으려 합니다.

| 2 자금 출처 | "좋은 회사에 다니지만, 은행 대출을 받기로 했어요" |

» 연봉 높고, 주거지원정책이 좋은 회사에 다녀 구입자금 걱정은 안했었는데, 마련한 자금이 모자랍니다.
» 부족한 부분은 주택담보대출을 받기로 했습니다.

구분	금액	자금출처	비고
예금	2억원	근로소득	저축
주식	3억원	근로소득	투자금액 1억원
차입금	2억원	회사지원금	
대출	3억원	주택담보대출	
합계	10억원		

3 작성방법
아래 순서로 자금조달계획서를 작성합니다.

자금조달계획부분의 자기자금
- ②번 금융기관 예금액 항목에 2억원
- ③번 주식매각대금 항목에 3억원

자금조달계획부분의 차입금
- ⑧번 금융기관대출 중 주택담보대출 항목에 3억원
- ⑩번 회사지원금 항목에 2억원

자금조달 합계
- ⑬번 합계 항목에 10억원

조달자금지급방식
- 총거래대금 항목에 10억원
- ⑮번 계좌이체금액 항목에 10억원

주택취득자금 조달 및 입주계획서

① 자금조달계획	자기자금	② 금융기관 예금액　　　200,000,000 원		③ 주식·채권 매각대금　　　300,000,000 원	
		④ 증여·상속　　　　　　　　　　　　원　[ ]부부 [ ]직계존비속(관계:　　)　[ ] 그 밖의 관계(　　　　　　)		⑤ 현금 등 그 밖의 자금　　　　　　　원　[ ] 보유 현금　[ ]그 밖의 자산(종류:　　　)	
		⑥ 부동산 처분대금 등　　　　　　　원		⑦ 소계　　　　　　　500,000,000 원	
	차입금 등	⑧ 금융기관 대출액 합계　　　　　　　　　　　　300,000,000 원	주택담보대출		300,000,000 원
			신용대출		원
			그 밖의 대출		원
			(대출 종류:　　　　　　　)		
		기존 주택 보유 여부 (주택담보대출이 있는 경우만 기재)　[○] 미보유　[ ] 보유 (　　　건)			
		⑨ 임대보증금　　　　　　　　　　　원		⑩ 회사지원금·사채　　　200,000,000 원	
		⑪ 그 밖의 차입금　　　　　　　　　원　[ ] 부부 [ ] 직계존비속(관계:　　)　[ ] 그 밖의 관계(　　　　　　)		⑫ 소계　　　　　　　500,000,000 원	
	⑬ 합계			1,000,000,000 원	
⑭ 조달자금 지급방식		총 거래금액		1,000,000,000 원	
		⑮ 계좌이체 금액		1,000,000,000 원	
		⑯ 보증금·대출 승계 금액		원	
		⑰ 현금 및 그 밖의 지급방식 금액		원	
		지급 사유 (　　　　　　　　　　　　　　　　　　)			

4 제출증빙 "은행대출을 받는 경우, 대출신청서 준비"

구분	금액	증빙
예금	2억원	예금잔액증명서
주식	3억원	주식거래내역서
차입금	2억원	회사지원금신청서
대출	3억원	대출신청서
합계	10억원	

5 Check point "실거래신고시점에 대출신청서가 없다면, 미제출사유서 준비"

Q 집을 사기 전에 대출을 알아봤지만, 실제로는 잔금일에 맞춰서 대출실행하려고요.

A 답변 은행대출을 이용하는 경우에는 사전에라도 대출금액을 확인한 후 나머지 자금조달금액의 계획을 세우는 것이 좋습니다.
그리고 잔금일에 대출을 신청할 예정이라 계약일에 대출신청서가 없는 경우에는 미제출사유서를 준비하면 됩니다.

☑ **주의**
잔금일에 가서 은행 실제 대출금액이 약간은 달라질 수도 있습니다.
이 경우, 자금조달계획서와 실제 자금조달금액이 달라져도 상황설명이 가능하다면 계획과 달라진 부분에 대해 크게 걱정하지 않아도 됩니다.

주식이 대박나긴 했지만, 집사기에는 모자라요.

| 1 기본상황 | "서울에 10억원 아파트를 구입하려 해요" |

» 40대 A씨는 10억원의 아파트를 구입하려 합니다.

구분	금액
계약금	5천만원
중도금	1억5천만원
잔금	8억원
합계	10억원

» 직장생활을 한지는 10년이 되었습니다.
» 연봉이 많긴 하지만, 저축보다는 주식투자로 자금운용을 했습니다.
» 그래도 부족한 금액은 은행대출을 받으려 합니다.

"주식 대박으로 모자라서, 은행 대출을 받기로 했어요"

》 연봉에서 일부 저축하고, 나머지는 주식투자를 해서 결과가 좋습니다.
》 그래도 부족한 부분은 신용대출을 받기로 했습니다.

구분	금액	자금출처	비고
예금	1억원	근로소득	저축
주식	6억원	주식처분대금	투자금액 2억원
대출	3억원	신용대출	
합계	10억원		

3 작성방법
아래 순서로 자금조달계획서를 작성합니다.

자금조달계획부분의 자기자금
· ②번 금융기관 예금액 항목에 1억원
· ③번 주식매각대금 항목에 6억원

자금조달계획부분의 차입금
· ⑧번 금융기관대출 중 신용대출 항목에 3억원

자금조달 합계
· ⑬번 합계 항목에 10억원

조달자금지급방식
· 총거래대금 항목에 10억원
· ⑮번 계좌이체금액 항목에 10억원

주택취득자금 조달 및 입주계획서

① 자금 조달계획	자기 자금	② 금융기관 예금액 100,000,000 원		③ 주식·채권 매각대금 600,000,000 원	
		④ 증여·상속 원		⑤ 현금 등 그 밖의 자금 원	
		[ ]부부 [ ]직계존비속(관계:) [ ] 그 밖의 관계( )		[ ] 보유 현금 [ ]그 밖의 자산(종류:)	
		⑥ 부동산 처분대금 등 원		⑦ 소계 700,000,000 원	
	차입금 등	⑧ 금융기관 대출액 합계 300,000,000 원	주택담보대출		원
			신용대출		300,000,000 원
			그 밖의 대출		원 (대출 종류:)
		기존 주택 보유 여부 (주택담보대출이 있는 경우만 기재) [ ] 미보유 [ ] 보유 (건)			
		⑨ 임대보증금 원		⑩ 회사지원금·사채 원	
		⑪ 그 밖의 차입금 원		⑫ 소계 300,000,000 원	
		[ ] 부부 [ ] 직계존비속(관계:) [ ] 그 밖의 관계( )			
	⑬ 합계			1,000,000,000 원	
⑭ 조달자금 지급방식		총 거래금액		1,000,000,000 원	
		⑮ 계좌이체 금액		1,000,000,000 원	
		⑯ 보증금·대출 승계 금액		원	
		⑰ 현금 및 그 밖의 지급방식 금액		원	
		지급 사유 (		)	

4 제출증빙 "은행대출을 받는 경우, 대출신청서 준비"

구분	금액	증빙
예금	1억원	예금잔액증명서
주식	6억원	주식거래내역서
차입	3억원	대출신청서
합계	10억원	

5 Check point "신용대출을 받을 경우, 회수약정 및 회수금액 확인 필요"

Q 신용대출 받아 주택을 구입해도 되나요?

A 답변 1억원의 신용대출을 받은 경우에는 주택구입자금으로 사용할 수는 있습니다.

 주의
그러나 1억원을 초과하여 신용대출을 받은 차주가 1년내 규제지역의 주택을 구입하는 경우, 금융기관이 신용대출을 회수할 수 있음에 유의해야 합니다. (2020년 11월 30일 이후 신규 신용대출이면서 회수약정을 체결한 경우)
따라서 신용대출을 받아 주택을 구입하는 경우, 이러한 회수약정이 있는지, 회수가 될 경우 회수대상금액은 얼마인지에 대해 사전에 확인해야 합니다.

03
마이너스통장

기존 주택이 많이 올랐어도, 집사기에는 모자라요.

1 기본상황 "서울에 10억원 아파트를 구입하려 해요"

» 40대 A씨는 10억원의 아파트를 구입하려 합니다.

구분	금액
계약금	5천만원
중도금	1억5천만원
잔금	8억원
합계	10억원

» 직장생활을 한지는 10년이 되었습니다.
» 연봉이 많긴 하지만, 저축보다는 부동산 위주로 투자를 했습니다.

| 2 자금 출처 | "부동산 처분대금으로 모자라서, 마이너스통장을 이용하려 해요" |

» 연봉에서 일부 저축하고, 나머지는 부동산 투자를 해서 결과가 좋습니다.
» 그래도 부족한 부분은 기존에 개설해놓은 마이너스통장을 이용하려 합니다.

구분	금액	자금출처	비고
예금	1억원	근로소득	저축
부동산	6억원	부동산처분대금	투자금액 2억원
대출	3억원	마이너스통장	
합계	10억원		

| 3 작성방법 | 아래 순서로 자금조달계획서를 작성합니다. |

자금조달계획부분의 자기자금
- ②번 금융기관 예금액 항목에 1억원
- ⑥번 부동산처분대금 항목에 6억원

자금조달계획부분의 차입금
- ⑧번 금융기관대출 중 신용대출항목에 3억원

자금조달 합계
- ⑬번 합계 항목에 10억원

조달자금지급방식
- 총거래대금 항목에 10억원
- ⑮번 계좌이체금액 항목에 10억원

주택취득자금 조달 및 입주계획서

① 자금 조달계획	자기 자금	② 금융기관 예금액		100,000,000 원	③ 주식·채권 매각대금		원
		④ 증여·상속		원	⑤ 현금 등 그 밖의 자금		원
		[ ]부부 [ ]직계존비속(관계:) [ ] 그 밖의 관계( )			[ ] 보유 현금 [ ]그 밖의 자산(종류:)		
		⑥ 부동산 처분대금 등		600,000,000원	⑦ 소계		700,000,000 원
	차입금 등	⑧ 금융기관 대출액 합계	주택담보대출				원
			신용대출				300,000,000 원
			그 밖의 대출				원
			(대출 종류:)				
			300,000,000 원				
		기존 주택 보유 여부 (주택담보대출이 있는 경우만 기재) [ ] 미보유 [ ] 보유 (건)					
		⑨ 임대보증금		원	⑩ 회사지원금·사채		원
		⑪ 그 밖의 차입금		원	⑫ 소계		300,000,000 원
		[ ] 부부 [ ] 직계존비속(관계:) [ ] 그 밖의 관계( )					
	⑬ 합계						1,000,000,000 원
⑭ 조달자금 지급방식		총 거래금액					1,000,000,000 원
		⑮ 계좌이체 금액					1,000,000,000 원
		⑯ 보증금·대출 승계 금액					원
		⑰ 현금 및 그 밖의 지급방식 금액					원
		지급 사유 (					)

> **4 제출증빙** "마이너스통장을 이용하는 경우, 마이너스통장내역서 등 준비"

구분	금액	증빙
예금	1억원	예금잔액증명서
부동산	6억원	매매계약서
대출	3억원	금융거래확인서 등
합계	10억원	

> **5 Check point** "마이너스통장은 그 한도가 아니라, 실제 사용가능한 금액을 기재"

Q 마이너스통장은 어디에 적을까요?

 답변 마이너스통장 역시 신용대출의 한 종류입니다.
그래서 자금조달계획서상 대출항목에 기재하시면 됩니다.

☑ **주의**
마이너스 통장 한도가 2억원이지만, 이 중 1억원을 이미 다른 곳에 사용했다면, 나머지 1억원에 대해서만 자금조달계획서에 기재해야합니다.
자금조달계획서에는 실제 조달가능한 자금을 적어야 합니다.
참고로 마이너스통장 역시 신용대출이라는 점은 유의해야 합니다.

04

대출이 끼어있던
기존 주택을 매각했어요.

1 기본상황 "서울에 10억원 아파트를 구입하려 해요"

» 40대 A씨는 10억원의 아파트를 구입하려 합니다.

구분	금액
계약금	5천만원
중도금	1억5천만원
잔금	8억원
합계	10억원

» 직장생활을 한지는 10년이 되었습니다.
» 연봉이 많긴 하지만, 저축보다는 부동산 위주로 투자를 했습니다.
» 초반에 부동산투자를 하다보니 은행대출도 활용했습니다.

| 2 자금 출처 | "부동산 대박으로 모자라서, 부모님께 빌렸어요" |

» 기존 주택 가격이 많이 올라서 주택처분대금으로 신규주택을 구입합니다.
» 기존주택을 비과세로 7억원에 팔았지만, 은행대출 1억원을 상환했습니다.
» 부족한 부분은 은행대출보다는 부모님께 빌리기로 했습니다.

구분	금액	자금출처	비고
예금	1억원	근로소득	저축
부동산	6억원	부동산처분대금	투자금액 2억원 은행대출 1억원
차입금	3억원	부모님	
합계	10억원		

| 3 작성방법 | 아래 순서로 자금조달계획서를 작성합니다. |

자금조달계획부분의 자기자금
· ②번 금융기관 예금액 항목에 1억원
· ⑥번 부동산처분대금 항목에 6억원

자금조달계획부분의 차입금
· ⑪번 그밖의차입금 항목에 3억원(관계란에 직계존비속 체크)

자금조달 합계
· ⑬번 합계 항목에 10억원

조달자금지급방식
· 총거래대금 항목에 10억원
· ⑮번 계좌이체금액 항목에 10억원

주택취득자금 조달 및 입주계획서

① 자금 조달계획	자기 자금	② 금융기관 예금액 100,000,000 원		③ 주식·채권 매각대금 원	
		④ 증여·상속 원 [ ]부부 [ ]직계존비속(관계:) [ ] 그 밖의 관계( )		⑤ 현금 등 그 밖의 자금 원 [ ] 보유 현금 [ ]그 밖의 자산(종류:)	
		⑥ 부동산 처분대금 등 600,000,000 원		⑦ 소계 700,000,000 원	
	차입금 등	⑧ 금융기관 대출액 합계 원	주택담보대출		원
			신용대출		원
			그 밖의 대출		원 (대출 종류:)
		기존 주택 보유 여부 (주택담보대출이 있는 경우만 기재) [ ] 미보유 [ ] 보유 (건)			
		⑨ 임대보증금 원		⑩ 회사지원금·사채 원	
		⑪ 그 밖의 차입금 300,000,000 원 [ ] 부부 [O] 직계존비속(관계: 父) [ ] 그 밖의 관계( )		⑫ 소계 300,000,000 원	
	⑬ 합계			1,000,000,000 원	
⑭ 조달자금 지급방식		총 거래금액		1,000,000,000 원	
		⑮ 계좌이체 금액		1,000,000,000 원	
		⑯ 보증금·대출 승계 금액		원	
		⑰ 현금 및 그 밖의 지급방식 금액		원	
		지급 사유 (		)	

| 4 제출증빙 | "대출이 끼어 있어도, 부동산 처분시에는 부동산 매매계약서 준비" |

구분	금액	증빙
예금	1억원	예금잔액증명서
부동산	6억원	매매계약서
차입	3억원	차입계약서
합계	10억원	

| 5 Check point | "예금을 주는 것 뿐만 아니라, 대출을 대신 갚아줘도 증여에 해당" |

Q 대출이 끼어있어도 주택처분금액을 전부 적으면 안되나요?

답변 대출을 상환해야 하는 상황에서, 주택처분금액을 전액 기재한다면 결국 다른 재산에서 대출을 상환해야하기에 자금조달 측면에서는 동일합니다.

☑ **주의**
기존 대출을 부모님이 대신 상환해주는 경우, 부동산처분대금을 모두 적을 수는 있습니다.
다만 이 경우에는 등기부등본상에 표시되어 있는 대출이 상환되었음을 과세당국이 쉽게 확인할 수 있음을 명심해야 합니다. 따라서 사후관리 과정에서 대출금 상환자금에 대한 증여세가 과세될 수 있음에 유의해야 합니다.

부모님이 빌려주시기로 했는데, 갑자기 사정이 생겨 은행대출을 급히 신청했어요.

1 기본상황 "서울에 10억원 아파트를 구입하려 해요"

» 40대 A씨는 10억원의 아파트를 구입하려 합니다.

구분	금액
계약금	5천만원
중도금	1억5천만원
잔금	8억원
합계	10억원

» 직장생활을 한지는 10년이 되었습니다.
» 연봉이 많긴 하지만, 저축보다는 부동산 위주로 투자를 했습니다.

> **2 자금 출처**   "부동산 대박으로 모자라서, 부모님께 빌릴려고요"

» 기존 주택 가격이 많이 올라서 주택처분대금으로 신규주택을 구입합니다.
» 부족한 부분은 은행대출을 이용하기보다는 부모님께 빌리기로 했습니다.

구분	금액	자금출처	비고
예금	1억원	근로소득	저축
부동산	6억원	부동산처분대금	투자금액 2억원
차입금	3억원	부모님	
합계	10억원		

> **3 작성방법** 아래 순서로 자금조달계획서를 작성합니다.

자금조달계획부분의 자기자금
- ②번 금융기관 예금액 항목에 1억원
- ⑥번 부동산처분대금 항목에 6억원

자금조달계획부분의 차입금
- ⑪번 그밖의차입금 항목에 3억원(관계란에 직계존비속 체크)

자금조달 합계
- ⑬번 합계 항목에 10억원

조달자금지급방식
- 총거래대금 항목에 10억원
- ⑮번 계좌이체금액 항목에 10억원

주택취득자금 조달 및 입주계획서

① 자금 조달계획	자기 자금	② 금융기관 예금액 　　　　100,000,000 원		③ 주식·채권 매각대금 원	
		④ 증여·상속 　　　　　　　원		⑤ 현금 등 그 밖의 자금 원	
		[ ]부부 [ ]직계존비속(관계:　　) [ ] 그 밖의 관계(　　　　　)		[ ] 보유 현금 [ ]그 밖의 자산(종류:　　　)	
		⑥ 부동산 처분대금 등 　　　　600,000,000 원		⑦ 소계 　　　　700,000,000 원	
	차입금 등	⑧ 금융기관 대출액 합계	주택담보대출		원
			신용대출		원
		원	그 밖의 대출		원
			(대출 종류:　　　　　)		
		기존 주택 보유 여부 (주택담보대출이 있는 경우만 기재) [ ] 미보유　[ ] 보유 (　　건)			
		⑨ 임대보증금 원		⑩ 회사지원금·사채 원	
		⑪ 그 밖의 차입금 　　　　300,000,000 원		⑫ 소계 　　　　300,000,000 원	
		[ ] 부부 [○] 직계존비속(관계: 父) [ ] 그 밖의 관계(　　　　　)			
	⑬ 합계			1,000,000,000 원	
⑭ 조달자금 지급방식		총 거래금액		1,000,000,000 원	
		⑮ 계좌이체 금액		1,000,000,000 원	
		⑯ 보증금·대출 승계 금액		원	
		⑰ 현금 및 그 밖의 지급방식 금액		원	
		지급 사유 (　　　　　　　　　　　　　　　　)			

| 4 제출증빙 | "부동산 처분시, 부동산 매매계약서" |

구분	금액	증빙
예금	1억원	예금잔액증명서
부동산	6억원	매매계약서
차입	3억원	차입계약서
합계	10억원	

| 5 Check point | "자금조달 계획과 실제가 다르면, 그 상황에 대한 설명이 가능하도록 자료 준비 필요" |

Q 부모님이 갑자기 자금을 사용할 일이 있어 못 빌려주신대요. 그래서 은행에 대출을 급하게 신청했습니다.

A 답변
자금조달계획서에는 부모님 차입금이라고 기재를 했지만, 실제로는 은행대출을 통해 잔금을 치른 상황으로 보입니다.
자금조달 계획과 실제가 다르기는 하지만 과세관청에 소명이 가능한 상황이니 걱정하지 않아도 됩니다.

☑ 주의
자금조달계획서는 자금조달 "계획"에 대한 서류입니다. 실제 자금조달이 달라져도 그 상황을 충분히 설명할 수 있다면 문제가 생길 여지가 작습니다.

Part 06

기 타

1. 상속받을 예금이 있어요.
2. 상속받은 예금이 있어요.
3. 증여세를 납부하니 잔금이 모자라요.
4. 자녀가 도와줬어요.
5. 축의금을 사용했어요
6. 기존 주택을 매각한다고 했는데, 안팔려요.

01

상속받을
예금이 있어요.

> **1 기본상황**   "서울에 10억원 아파트를 구입하려 해요"

» 40대 A씨는 10억원의 아파트를 구입하려 합니다.

구분	금액
계약금	5천만원
중도금	1억5천만원
잔금	8억원
합계	10억원

» 직장생활을 한지는 10년이 되었습니다.
» 연봉이 많지는 않지만 꾸준히 저축을 했습니다.
» 중간에 주식투자를 하며 이익도 제법 났습니다.
» 이번에 아버지 상속이 개시되었고, A씨가 예금을 상속받기로 협의했습니다.

2 자금 출처
"상속받을 예금으로 주택구입자금에 보태요"

» 그동안 저축한 자금과 주식투자 이익금액이 있습니다.
» 그리고 이번에 상속받을 예금도 주택구입자금으로 사용하려 합니다.

구분	금액	자금출처	비고
예금	2억원	근로소득	저축
주식	3억원	근로소득	투자금액 1억원
상속	5억원	상속예금	
합계	10억원		

3 작성방법
아래 순서로 자금조달계획서를 작성합니다.

자금조달계획부분의 자기자금
· ②번 금융기관 예금액 항목에 2억원
· ③번 주식매각대금 항목에 3억원
· ④번 증여상속 항목에 5억원

자금조달 합계
· ⑬번 합계 항목에 10억원

조달자금지급방식
· 총거래대금 항목에 10억원
· ⑮번 계좌이체금액 항목에 10억원

주택취득자금 조달 및 입주계획서

① 자금 조달계획	자기 자금	② 금융기관 예금액			200,000,000 원	③ 주식·채권 매각대금		300,000,000 원
		④ 증여·상속			500,000,000 원	⑤ 현금 등 그 밖의 자금		원
		[ ]부부 [○]직계존비속(관계: 父)				[ ] 보유 현금		
		[ ] 그 밖의 관계( )				[ ]그 밖의 자산(종류:)		
		⑥ 부동산 처분대금 등			원	⑦ 소계		1,000,000,000 원
	차입금 등	⑧ 금융기관 대출액 합계		주택담보대출				원
				신용대출				원
				그 밖의 대출				원
			원	(대출 종류:)				
		기존 주택 보유 여부 (주택담보대출이 있는 경우만 기재) [ ] 미보유 [ ] 보유 (건)						
		⑨ 임대보증금			원	⑩ 회사지원금·사채		원
		⑪ 그 밖의 차입금			원	⑫ 소계		
		[ ] 부부 [ ] 직계존비속(관계:) [ ] 그 밖의 관계( )						원
	⑬ 합계							1,000,000,000 원
⑭ 조달자금 지급방식		총 거래금액						1,000,000,000 원
		⑮ 계좌이체 금액						1,000,000,000 원
		⑯ 보증금·대출 승계 금액						원
		⑰ 현금 및 그 밖의 지급방식 금액						원
		지급 사유 ( )						

4 제출증빙 "상속재산을 활용하는 경우, 상속세신고서 준비"

구분	금액	증빙
예금	2억원	예금잔액증명서
주식	3억원	주식거래내역서
상속	5억원	상속세신고서
합계	10억원	

5 Check point "상속세 신고가 되지 않은 상태에서는, 상속재산분할협의서 준비"

Q 아직 상속세신고를 하지 못했어요

답변 상속세는 상속개시일이 속하는 달의 말일로부터 6개월까지 신고를 해야합니다. 상속이 개시되고 얼마 지나지 않은 상태에서는 신고를 못했을 수도 있습니다.
이 경우에는 상속세신고서 대신 상속재산분할협의서를 제출하면 됩니다.

☑ **주의**
상속재산분할협의서는 상속인 간의 상속재산을 분할하는 협의서입니다. 그 협의서에는 당연히 상속인들 모두의 확인이 있어야 합니다. 만약 자금조달계획서 제출 당시 임의로 작성했다면, 그 상속재산분할협의서는 법적인 효력이 없습니다.

상속받은
예금이 있어요.

| 1 기본상황 | "서울에 10억원 아파트를 구입하려 해요" |

» 40대 A씨는 10억원의 아파트를 구입하려 합니다.

구분	금액
계약금	5천만원
중도금	1억5천만원
잔금	8억원
합계	10억원

» 직장생활을 한지는 10년이 되었습니다.
» 연봉이 많지는 않지만 꾸준히 저축을 했습니다.
» 중간에 주식투자를 하며 이익도 제법 났습니다.
» 몇 해 전에 상속받은 예금도 있습니다.

| 2 자금 출처 | "상속받은 예금이 통장에 들어있어요" |

» 그동안 저축한 자금과 주식투자 이익금액이 있습니다.
» 그리고 전에 상속받은 예금도 주택구입자금으로 사용하려 합니다.

구분	금액	자금출처	비고
예금	2억원	근로소득	저축
예금	5억원	상속예금	
주식	3억원	근로소득	투자금액 1억원
합계	10억원		

| 3 작성방법 | 아래 순서로 자금조달계획서를 작성합니다. |

자금조달계획부분의 자기자금
· ②번 금융기관 예금액 항목에 7억원
· ③번 주식매각대금 항목에 3억원

자금조달 합계
· ⑬번 합계 항목에 10억원

조달자금지급방식
· 총거래대금 항목에 10억원
· ⑮번 계좌이체금액 항목에 10억원

주택취득자금 조달 및 입주계획서

① 자금 조달계획	자기 자금	② 금융기관 예금액 700,000,000 원		③ 주식·채권 매각대금 300,000,000 원	
		④ 증여·상속 원 [ ]부부 [ ]직계존비속(관계:) [ ] 그 밖의 관계( )		⑤ 현금 등 그 밖의 자금 원 [ ] 보유 현금 [ ]그 밖의 자산(종류:)	
		⑥ 부동산 처분대금 등 원		⑦ 소계 1,000,000,000 원	
	차입금 등	⑧ 금융기관 대출액 합계 원	주택담보대출		원
			신용대출		원
			그 밖의 대출 (대출 종류:)		원
		기존 주택 보유 여부 (주택담보대출이 있는 경우만 기재) [ ] 미보유 [ ] 보유 (건)			
		⑨ 임대보증금 원		⑩ 회사지원금·사채 원	
		⑪ 그 밖의 차입금 원 [ ] 부부 [ ] 직계존비속(관계:) [ ] 그 밖의 관계( )		⑫ 소계 원	
	⑬ 합계			1,000,000,000 원	
⑭ 조달자금 지급방식		총 거래금액		1,000,000,000 원	
		⑮ 계좌이체 금액		1,000,000,000 원	
		⑯ 보증금·대출 승계 금액		원	
		⑰ 현금 및 그 밖의 지급방식 금액		원	
		지급 사유 (		)	

4 제출증빙 "상속재산이 이미 통장에 들어있다면, 예금잔액증명서 준비"

구분	금액	증빙
예금(저축)	2억원	예금잔액증명서
예금(상속)	5억원	예금잔액증명서
주식	3억원	주식거래내역서
합계	10억원	

5 Check point "실거래신고시점의 자금보유형태에 따른 자금조달증빙 제출"

Q 예금이 많은 것으로 보여 걱정되시요. 상속세신고서를 안내도 되나요?

A 답변 자금조달증빙은 실거래신고시점에서의 자금보유형태에 따라 제출합니다. 상속재산을 예금으로 보유하고 있으면 예금잔액증명서를 제출하면 됩니다.

☑ **주의**
예금이 과다한 것으로 보여 소명자료 요청이 있다고 해도, 상속세신고서를 제출하면 됩니다.
그런데 상속재산이 10억원 미만이라 상속세신고를 안했을 수도 있습니다. 이 경우에는 상속세신고서 대신 상속재산분할협의서를 제출하면 됩니다.

증여세를 납부하니 잔금이 모자라요.

1 기본상황 "서울에 10억원 아파트를 구입하려 해요"

》 40대 A씨는 10억원의 아파트를 구입하려 합니다.

구분	금액
계약금	5천만원
중도금	1억5천만원
잔금	8억원
합계	10억원

》 직장생활을 한지는 10년이 되었습니다.
》 연봉이 많지는 않지만 꾸준히 저축을 했습니다.
》 중간에 주식투자를 하며 이익도 제법 났습니다.

| 2 자금 출처 | "부모님이 증여해주셨어요" |

» 그동안 저축한 자금과 주식투자 이익금액이 있습니다.
» 그리고 부모님이 부족한 자금을 증여해주셨습니다.

구분	금액	자금출처	비고
예금	2억원	근로소득	저축
주식	3억원	근로소득	투자금액 1억원
증여	5억원	부모님증여	
합계	10억원		

| 3 작성방법 | 아래 순서로 자금조달계획서를 작성합니다. |

자금조달계획부분의 자기자금
· ②번 금융기관 예금액 항목에 2억원
· ③번 주식매각대금 항목에 3억원
· ④번 증여 항목에 5억원(관계란에 직계존비속 체크)

자금조달 합계
· ⑬번 합계 항목에 10억원

조달자금지급방식
· 총거래대금 항목에 10억원
· ⑮번 계좌이체금액 항목에 10억원

주택취득자금 조달 및 입주계획서

① 자금 조달계획	자기 자금	② 금융기관 예금액 200,000,000 원		③ 주식·채권 매각대금 300,000,000 원	
		④ 증여·상속 500,000,000 원		⑤ 현금 등 그 밖의 자금 원	
		[ ]부부 [○]직계존비속(관계: 父) [ ] 그 밖의 관계( )		[ ] 보유 현금 [ ]그 밖의 자산(종류:)	
		⑥ 부동산 처분대금 등 원		⑦ 소계 1,000,000,000 원	
	차입금 등	⑧ 금융기관 대출액 합계 원	주택담보대출		원
			신용대출		원
			그 밖의 대출 (대출 종류:)		원
		기존 주택 보유 여부 (주택담보대출이 있는 경우만 기재) [ ] 미보유 [ ] 보유 (건)			
		⑨ 임대보증금 원		⑩ 회사지원금·사채 원	
		⑪ 그 밖의 차입금 원		⑫ 소계	
		[ ] 부부 [ ] 직계존비속(관계:) [ ] 그 밖의 관계( )			원
	⑬ 합계			1,000,000,000 원	
⑭ 조달자금 지급방식		총 거래금액		1,000,000,000 원	
		⑮ 계좌이체 금액		1,000,000,000 원	
		⑯ 보증금·대출 승계 금액		원	
		⑰ 현금 및 그 밖의 지급방식 금액		원	
		지급 사유 (		)	

4 제출증빙 "부모님께 증여받는 경우, 증여세신고서 준비"

구분	금액	증빙
예금	2억원	예금잔액증명서
주식	3억원	주식거래내역서
증여	5억원	증여세신고서
합계	10억원	

5 Check point "증여세 납부금액을 고려한 증여금액 설정 필요"

Q 증여세를 납부하면 잔금 낼 돈이 모자라요. 그래서 부모님이 증여세를 대신 납부해 주셨어요.

A 답변
증여세는 증여를 받은 사람이 납부해야 합니다. 이를 부모님이 대신 납부하면 이 금액 역시 증여재산에 포함됩니다.
자금조달계획서 제출 당시에는 문제가 발생하지 않을 수 있지만, 과세당국이 사후에 꼭 검토하는 부분이기에 증여세에 대한 자금출처는 반드시 준비해야 합니다.

☑ 주의
5억원을 증여받으면, 증여세를 납부하고 4억 2천만원이 통장에 남습니다. 즉, 5억원의 자금이 필요한 경우에는, 증여세 납부금액을 고려해서 6억 5백만원을 증여받아야 합니다.
증여세 외에 취득세 역시 주택을 구입하는 사람이 납부해야 함을 유의해야 합니다.

자녀가 도와줬어요.

| 1
기본상황 | "서울에 10억원 아파트를 구입하려 해요" |

》 60대 A씨는 10억원의 아파트를 구입하려 합니다.

구분	금액
계약금	5천만원
중도금	1억5천만원
잔금	8억원
합계	10억원

》 직장생활을 하며 저축도 많이 하고 주식투자도 잘 했습니다.
》 직장 퇴직 후 지금은 사업도 잘 되고 있습니다.

| 2 자금 출처 | "자녀가 도와줬어요" |

» 주택구입자금에서 약간 모자라는 부분은 자녀가 도와준다고 합니다.

구분	금액	자금출처	비고
예금	5억원	근로소득	저축
주식	3억원	근로소득	투자금액 1억원
예금	1억원	사업소득	개인사업
증여	1억원	자녀	
합계	10억원		

| 3 작성방법 | 아래 순서로 자금조달계획서를 작성합니다. |

자금조달계획부분의 자기자금
· ②번 금융기관 예금액 항목에 6억원
· ③번 주식매각대금 항목에 3억원
· ④번 증여상속 항목에 1억원(관계란에 직계존비속 체크)

자금조달 합계
· ⑬번 합계 항목에 10억원

조달자금지급방식
· 총거래대금 항목에 10억원
· ⑮번 계좌이체금액 항목에 10억원

주택취득자금 조달 및 입주계획서

<table>
<tr><td rowspan="2">① 자금
조달계획</td><td rowspan="6">자기
자금</td><td colspan="2">② 금융기관 예금액
600,000,000 원</td><td colspan="2">③ 주식·채권 매각대금
300,000,000 원</td></tr>
<tr><td colspan="2">④ 증여·상속
100,000,000 원</td><td colspan="2">⑤ 현금 등 그 밖의 자금
원</td></tr>
<tr><td rowspan="10">① 자금
조달계획</td><td colspan="2">[ ]부부 [○]직계존비속(관계: 子)
[ ] 그 밖의 관계( )</td><td colspan="2">[ ] 보유 현금
[ ]그 밖의 자산(종류:)</td></tr>
<tr><td colspan="2">⑥ 부동산 처분대금 등
원</td><td colspan="2">⑦ 소계
1,000,000,000 원</td></tr>
<tr><td rowspan="6">차입금 등</td><td rowspan="3">⑧ 금융기관 대출액 합계

원</td><td>주택담보대출</td><td colspan="2">원</td></tr>
<tr><td>신용대출</td><td colspan="2">원</td></tr>
<tr><td>그 밖의 대출</td><td colspan="2">원
(대출 종류:)</td></tr>
<tr><td colspan="4">기존 주택 보유 여부 (주택담보대출이 있는 경우만 기재)
[ ] 미보유 [ ] 보유 (건)</td></tr>
<tr><td colspan="2">⑨ 임대보증금
원</td><td colspan="2">⑩ 회사지원금·사채
원</td></tr>
<tr><td colspan="2">⑪ 그 밖의 차입금
원</td><td colspan="2">⑫ 소계

원</td></tr>
<tr><td colspan="2">[ ] 부부 [ ] 직계존비속(관계:)
[ ] 그 밖의 관계( )</td><td colspan="2"></td></tr>
<tr><td colspan="2">⑬ 합계</td><td colspan="3">1,000,000,000 원</td></tr>
<tr><td rowspan="5">⑭ 조달자금
지급방식</td><td colspan="2">총 거래금액</td><td colspan="2">1,000,000,000 원</td></tr>
<tr><td colspan="2">⑮ 계좌이체 금액</td><td colspan="2">1,000,000,000 원</td></tr>
<tr><td colspan="2">⑯ 보증금·대출 승계 금액</td><td colspan="2">원</td></tr>
<tr><td colspan="2">⑰ 현금 및 그 밖의 지급방식 금액</td><td colspan="2">원</td></tr>
<tr><td colspan="4">지급 사유 ( )</td></tr>
</table>

| 4 제출증빙 | "자녀에게 증여받는 경우, 증여세신고서 준비" |

구분	금액	증빙
예금	6억원	예금잔액증명서
주식	3억원	주식거래내역서
증여	1억원	증여세신고서
합계	10억원	

| 5 Check point | "자녀가 부모님에게 증여를 해줄 수도 있음" |

Q 자녀에게 증여를 해주는게 아니라, 받을 수도 있나요?

A 답변
네. 자녀에게 증여를 해주는 것 뿐만 아니라, 자녀에게서 증여를 받을 수도 있습니다.
자녀에게 증여를 받을 때에도 5천만원의 증여재산공제를 적용할 수 있습니다.

☑ 주의
자녀에게 증여받을 때에도 5천만원의 증여재산공제를 적용합니다.
다만, 2명의 자녀에게 받을 경우 1억원의 증여재산공제를 적용하지는 않습니다.
즉, 자녀 1명당 5천만원 공제를 적용하는 것이 아니라, 직계비속(자녀들) 그룹 전체를 기준으로 총 5천만원의 공제가 적용되는 것입니다.

05

축의금을 사용했어요

1 기본상황 "서울에 10억원 아파트를 구입하려 해요"

» 40대 A씨는 10억원의 아파트를 구입하려 합니다.

구분	금액
계약금	5천만원
중도금	1억5천만원
잔금	8억원
합계	10억원

» 직장생활을 하며 저축은 거의 안하고, 주식투자를 했습니다.
» 최근에 결혼식을 했고, 축의금을 생각보다 많이 받았습니다.
» 부모님께서 축의금은 모두 집 사는데 보태라고 하셨습니다.

2 자금 출처
"축의금을 집 사는데 사용해요"

» 주식투자 결과가 좋았고,
» 결혼식 때 받은 축의금도 모두 주택구입자금으로 사용합니다.

구분	금액	자금출처	비고
예금	1억원	근로소득	저축
예금	2억원	축의금	
주식	7억원	근로소득	투자금액 2억원
합계	10억원		

3 작성방법
아래 순서로 자금조달계획서를 작성합니다.

자금조달계획부분의 자기자금
- ②번 금융기관 예금액 항목에 3억원
- ③번 주식매각대금 항목에 7억원

자금조달 합계
- ⑬번 합계 항목에 10억원

조달자금지급방식
- 총거래대금 항목에 10억원
- ⑮번 계좌이체금액 항목에 10억원

주택취득자금 조달 및 입주계획서

① 자금 조달계획	자기 자금	② 금융기관 예금액 300,000,000 원		③ 주식·채권 매각대금 700,000,000 원		
		④ 증여·상속 원 [ ]부부 [ ]직계존비속(관계:) [ ] 그 밖의 관계( )		⑤ 현금 등 그 밖의 자금 원 [ ] 보유 현금 [ ]그 밖의 자산 (종류:)		
		⑥ 부동산 처분대금 등 원		⑦ 소계 1,000,000,000 원		
	차입금 등	⑧ 금융기관 대출액 합계 원	주택담보대출			원
			신용대출			원
			그 밖의 대출 (대출 종류:)			원
		기존 주택 보유 여부 (주택담보대출이 있는 경우만 기재) [ ] 미보유 [ ] 보유 (건)				
		⑨ 임대보증금 원		⑩ 회사지원금·사채 원		
		⑪ 그 밖의 차입금 원 [ ] 부부 [ ] 직계존비속(관계:) [ ] 그 밖의 관계( )		⑫ 소계 원		
	⑬ 합계	1,000,000,000 원				
⑭ 조달자금 지급방식		총 거래금액		1,000,000,000 원		
		⑮ 계좌이체 금액		1,000,000,000 원		
		⑯ 보증금·대출 승계 금액		원		
		⑰ 현금 및 그 밖의 지급방식 금액 지급 사유 ( )		원		

| 4 제출증빙 | "축의금을 받아 예금통장에 넣은 경우, 예금잔액증명서 준비" |

구분	금액	증빙
예금	3억원	예금잔액증명서
주식	7억원	주식거래내역서
합계	10억원	

| 5 Check point | "본인에게 건네진 것이라고 확인할 수 없으면, 축의금은 기본적으로 부모님의 자금" |

 축의금을 주택구입자금으로 사용해도 되나요?

A 답변
축의금은 기본적으로 부모님에게 귀속됩니다.
다만, 결혼당사자 본인에게 직접 건네진 것을 입증할 수 있다면 그 부분은 본인의 자금출처로 사용할 수 있습니다.

☑ **주의**
신랑신부에게 직접 귀속되는 축의금이라고 증명할 수 없다면,
축의금은 모두 부모님의 자금이라고 보아 증여세가 과세될 수 있음에 유의해야 합니다.
한편, 축의금 중 본인자금에 대한 입증을 하기 위해서는 적어도 전체 방문자별 축의금 내역 뿐만 아니라 방문자와 본인 또는 부모님과의 관계가 기록된 자료 등을 구비해야 합니다.

06

기존 주택을 매각한다고 했는데, 안팔려요.

| 1 기본상황 | "서울에 10억원 아파트를 구입하려 해요" |

» 40대 A씨는 10억원의 아파트를 구입하려 합니다.

구분	금액
계약금	5천만원
중도금	1억5천만원
잔금	8억원
합계	10억원

» 직장생활을 한지는 10년이 되었습니다.
» 직장생활한지 얼마 지나지 않았을 때, 무리를 해서 위치 좋은 아파트에 투자를 했습니다.
» 그 대출금액을 갚느라 저축은 거의 하지 못했습니다.

2 자금 출처 "기존 주택을 처분해서 이사가려고요"

» 연봉으로 저축한 금액은 얼마 되지 않습니다.
» 다만 투자한 아파트 가격이 많이 올라 그 부동산을 처분하면 주택구입 자금이 충분합니다.(비과세 가정)

구분	금액	자금출처	비고
예금	0.5억원	근로소득	
부동산	9.5억원	부동산매각대금	투자금액 5억원 매각금액 15억원
합계	10억원		

3 작성방법 아래 순서로 자금조달계획서를 작성합니다.

자금조달계획부분의 자기자금
· ②번 금융기관 예금액 항목에 0.5억원
· ⑥번 부동산처분대금 항목에 9.5억원

자금조달 합계
· ⑬번 합계 항목에 10억원

조달자금지급방식
· 총거래대금 항목에 10억원
· ⑮번 계좌이체금액 항목에 10억원

주택취득자금 조달 및 입주계획서

① 자금 조달계획	자기 자금	② 금융기관 예금액 50,000,000 원		③ 주식·채권 매각대금 원	
		④ 증여·상속 원 [ ]부부 [ ]직계존비속(관계:) [ ] 그 밖의 관계( )		⑤ 현금 등 그 밖의 자금 원 [ ] 보유 현금 [ ]그 밖의 자산(종류:)	
		⑥ 부동산 처분대금 등 950,000,000 원		⑦ 소계 1,000,000,000 원	
	차입금 등	⑧ 금융기관 대출액 합계 원	주택담보대출		원
			신용대출		원
			그 밖의 대출 (대출 종류:)		원
		기존 주택 보유 여부 (주택담보대출이 있는 경우만 기재) [ ] 미보유 [ ] 보유 (건)			
		⑨ 임대보증금 원		⑩ 회사지원금·사채 원	
		⑪ 그 밖의 차입금 원 [ ] 부부 [ ] 직계존비속(관계:) [ ] 그 밖의 관계( )		⑫ 소계 원	
	⑬ 합계			1,000,000,000 원	
⑭ 조달자금 지급방식		총 거래금액		1,000,000,000 원	
		⑮ 계좌이체 금액		1,000,000,000 원	
		⑯ 보증금·대출 승계 금액		원	
		⑰ 현금 및 그 밖의 지급방식 금액		원	
		지급 사유 ( )			

4 제출증빙 "부동산처분대금을 기재한 경우, 부동산매매계약서 준비"

구분	금액	증빙
예금	0.5억원	예금잔액증명서
부동산처분대금	9.5억원	부동산매매계약서 (계약 미체결시 미제출사유서)
합계	10억원	

》》 미제출사유서

자조서 기재항목		증빙자료	제출여부	미제출사유
자기자금	금융기관 예금액	예금잔액증명서	○	제출완료
		기 타		
	주식·채권 매각대금	주식거래내역서	○	-
		예금잔액증명서		
		기 타		
	증여·상속	증여·상속세 신고서		-
		납세증명서		
		기 타		
	현금 등 그 밖의 자금	소득금액증명원		-
		근로소득원천징수영수증		
		기 타		
	부동산 처분대금 등	부동산 매매계약서	X	- 계약일 현재 기존주택 매매계약 미체결 - 잔금일 전 완료 예정
		부동산 임대차계약서		
		기 타		
차입금	금융기관 대출액	금융거래확인서		-
		부채증명서		
		금융기관 대출신청서		
		기 타		
	임대보증금	부동산임대차계약서		-
	회사지원금·사채	금전을 빌린 사실과 그 금액을 확인할 수 있는 서류		-
	그 밖의 차입금	금전을 빌린 사실과 그 금액을 확인할 수 있는 서류		-

> **5 Check point** "자금조달계획과 실제는 달라져도 되지만, 가족 간 차입거래인 경우 차입 및 상환 증빙 준비"

Q 기존 주택을 사려고 했던 사람이 구입의사를 철회했어요. 잔금일이 다가와서 부모님께 급하게 자금을 빌렸어요.

> **A 답변** 어쩔 수 없이 최초에 제출한 자금조달계획과 실제 자금조달이 달라졌습니다. 관련 조사가 있을 경우 사실대로 설명하면 됩니다.

☑ **주의**
다만 어쩔 수 없는 상황이어도 가족 간의 차입거래가 이루어졌습니다. 이는 과세당국이 특별히 관심을 가지는 자금조달항목이라 유의해야 합니다.
차입계약서 등의 기본적인 증빙도 잘 갖추고, 기존주택이 처분되는 시점에 차입금을 상환한다면 사실관계에 대한 입증이 수월할 것으로 보입니다.

공인중개사도 알아야 할 자금조달 계획서 작성 실전편

초판발행	2021년 5월 31일
저 자	유튜브 밤송이·도토리 회계사
발 행 인	김소현
발 행 처	동우국세아카데미(주)
주 소	서울시 강남구 테헤란로 328, 지층 106-비35호(역삼동)
홈페이지	www.dongwookse.com
전 화	02-2088-4373
팩 스	02-6008-4375
등 록	2016년 12월 21일 제2016-000388호
ISBN	979-11-90193-04-7

저자협의 인지생략

정 가 18,000원

디자인·편집·인쇄 태진애드컴(02-2266-3530)

· 이 책은 저작권법에 따라 보호받는 저작물이므로 무단전재와 무단복제를 금합니다.
· 이 책 내용의 전부 또는 일부를 이용하려면 반드시 저자와 동우국세아카데미(주)의 서면동의를 받아야 합니다.
· 잘못된 책은 구입하신 곳에서 바꾸어 드립니다.